神社の系譜

なぜそこにあるのか

宮元健次

光文社新書

まえがき

日本人の多くは宗教をもたないといわれる。確かに日本人は、受験や初詣には神社を訪れ、結婚式はキリスト教会で行ない、仏教寺院に墓をたてるといった、その宗教的節操のなさを指摘されることが多い。

それでは、日本人の多くは本当に無宗教者なのだろうか。ひとことでいえば、日本人に「絶対的無宗教者」は少ないのではないかと思う。

なぜなら日本人にとって最も古く、なじみ深い宗教である神道は、日本のありとあらゆる営みに影響しているからに他ならない。すなわち、無意識のうちに神道を信じているのが日本人であるといっても過言ではないからである。

日本はその名の通り「日のもと」の国である。国旗を見ても白地に太陽を表す日の丸が描かれている。聖徳太子が隋の煬帝《ようだい》に宛てて「日出る処の天子」と名のったことは有名だが、古来日本は太陽の国と信じられてきたことがわかる。

古代より男性の名に用いられてきた「彦」はもともと「日子」からきたものという。また、娘を意味する「姫」も「日女」からきたものといわれる。つまり、日本人は男も女も太陽の子であると考えられたふしがある。

天皇の先祖が天照大神という太陽神であることからもわかる通り、日本人は太陽を神として崇拝してきた。かつて、お年寄りが「おてんとう様」に合掌する姿をよく見かけたが、これは太陽信仰の名残りである。太陽は東から昇り、西に沈む。いいかえれば、東に生まれ、西で死ぬのである。仏教では「西方浄土」といって西に「あの世」があるとするのも太陽崇拝の影響である。

古代人が、こうした太陽の動きを、神の宿る「神社」の配置に応用したのがいわゆる「自然暦」である。本書では、これまで神社の系譜を考える上であまり用いられることのなかった、この「自然暦」という視点を取り入れ、新たな切り口から神々の系譜について考えることを目的とする。

神とは何か。神社はなぜそこにあるのか。こうした命題に迫ることができれば、本書のもくろみは果たされたことになる。

目次

第一章　怨霊の神々

神田神社（東京）
――伝説の絶えない場所

なぜ東京のど真ん中に

江戸の産土神《うぶすながみ》として知られるのが神田神社である。創建は七三〇年といわれ、もとは大手町にあったが、一六〇六年に駿河台へ、さらに一六一六年に現在の地へ移された。以後、江戸の総鎮守として崇拝され、その祭礼は日枝《ひえ》神社の山王祭と共に今日も盛大に行なわれる。祭神は、大己貴命《おおなむちのみこと》と江戸大明神の他、平将門公であり、神田神社はかつて将門公の首塚に位置していた。

日本の金融の中枢・大手町。東京屈指の地価を誇る超高層ビル群のすき間に、周囲に比べて異質ともいうべき一角がある。古色蒼然とした石造りの囲いの中に、苔《こけ》むした供養塔が屹《きっ》立《りつ》し、この敷地だけが、まるでタイムスリップしたかのような印象が深い。

平将門公の首塚

この場所こそが、平安時代の武将・平将門公の首塚である。毎年九月二十二日になると、周囲の大企業の幹部たちが土下座し、慰霊祭が行なわれる。また、慰霊祭以外の日ですら献花が絶えることはない。なぜならば、首塚は平安時代より今日に至るまで、激しく祟《たた》る場所として認識されてきたからに他ならない。わずか十数坪の土地が、無数の人々の生血を吸ってきたのである。

しかし、結論を先にいえば、この首塚は江戸時代の初め、幕府の宗教担当ブレーン・南光《なんこう》坊天海《ぼうてんかい》によって、都市計画的にこの場所へ残されたものなのである。

このような恐ろしいものを、なぜ江戸のど真ん中に配する必要があったのだろうか。

首塚伝説

平将門公は、平安京を開いた桓武天皇の七代目の孫にあたる皇族の血縁であり、関東一帯を領地とする豪族であった。九三九年、将門公は自らを「新皇」、すなわち新たな天皇と称して挙兵したという。しかし、将門公は朝敵として、藤原秀郷《ひでさと》にあっさりとその首を打ちとられてしまう。

『将門記』によれば、その後将門公の首は京都に送られ、七条河原でさらし首にされたという。しかし将門公には、関東に残してきた「桔梗《ききょう》」という愛人がいたため、それを慕って三日後に首が関東へと飛び去り、武蔵国豊島郡《としまぐん》柴崎村《しばざきむら》へ着地したという。恐怖した村民は塚を築いて将門公の首を埋めたといい、それが将門公の首塚であるといわれる。現在、首塚の近くに「桔梗濠」及び「桔梗門」があるが、その名残りであるという。

京都にある明智光秀の首塚

このような首塚は、全国に一一三基もあるといわれ、玄昉《げんぼう》、木曽義仲《きそよしなか》、新田義貞《にったよしさだ》、楠木正《くすのきまさ》成《しげ》、今川義元《いまがわよしもと》、明智光秀《あけちみつひで》などの他、非業の死を遂げた人々の首が埋められたと伝えられる。首が空を飛んだという伝承も、将門公に限ったことではなく、どの首塚伝説にも共通している。例えば蘇我入鹿《そがのいるか》の首塚伝承では、入鹿の首は飛び去り、奈良県高見峠に着地して塚が築かれたと伝えられている。

すべては祟り

将門公の首塚が現在のように供養されるようになったのは、いったいいつ頃からだろうか。当時、江戸湾は現在より大幅に内陸に入り込んでおり、首塚のある柴崎《しばざき》は、海辺に面していた。そのため頻繁に洪水や津波の被害をうけたという。

それらの被害が、すべて将門公の祟りであるといわれ、村民の守護神である安房《あわ》神社に合祀《ごうし》したのが始まりである。伝承では京都から首が飛んできたというが、実際には将門公の家臣の要請で僧侶が京へのぼり、「首と胴を一つにしないと祟りが起きる」と説得して首を取り戻したといわれる。

早速、将門公終焉の地・下総国《しもうさのくに》猿島郡《さしまぐん》（現茨城県岩井市）の神田山《かだやま》に埋葬されていた将門公の胴体を掘り出して、首と一つにして供養したのである。

ところが『御府内備考』『永享記』その他の史料によると、九五〇年首塚が鳴動し、異形の武将が出現したため、別の場所に塚を築いて祀ったところ鎮まったという。これが世継稲《よつぎいな》荷《り》神社（東京都千代田区九段北一‐十四‐二十一）境内の筑土《つくど》神社であり、ここに第二次世界大戦まで将門公の首を入れた首桶が存在したという。

世継稲荷神社境内の筑土神社

しかし、一三〇九年、将門公が再び祟って洪水、疫病が起こるようになり、『御府内備考』『江戸《えど》惣《そう》鹿子《かのこ》』等によれば、僧・真教《しんぎょう》が首塚を鎮めるために、ここに寺を建立、柴崎道場と命名したという。これが現在の浅草日輪寺《にちりんじ》（東京都台東区西浅草三‐十五）である。

　真教は首塚の隣で将門公の胴体を祀っていた安房神社を神田《かだ》神社と改名し、同地の地名にもなった。神田《かだ》とは将門公の「からだ」を語源とするという。つまり現在の神田《かんだ》の地名は将門公の「からだ」から命名されたことになる。

　やがて江戸時代に入ると、柴崎の地が大名屋敷となり、天海によって神田神社は首塚を残したまま、現在の地（東京都千代田区外神田二‐十六）へ移転されてしまう。再び胴と首が離ればなれになったのである。

なぜ斬り刻まれるのか

現在、将門公を祀る社寺は東京都内に数多く存在している。興味深いのは、それらはすべて将門公の身体の一部やそれに関係するものを祀っていることだろう。ここまでに掲げた遺構だけでも首塚（首）、神田神社（胴）、筑土神社（首桶）があった。これら以外の遺構についても同様の指摘が可能なのである。将門公の手は鳥越《とりごえ》神社（台東区鳥越二－四）、足は筑土《つくど》八幡神社（新宿区筑土八幡町）、鎧《よろい》は鎧神社（新宿区北新宿三－十六）、兜《かぶと》は兜神社（中央区日本橋兜町一－八）に祀られている。

将門公の場合、このような符合は他にもあり、栃木県足利郡の大手神社は将門公の手を、近くの大原神社は腹、鶏足寺《けいそく》は首、群馬県の只上《ただかり》神社は胴を祀るという。

なぜこのように将門公の身体や着用物が斬り刻まれて祀られたのだろうか。

民俗学者の中山太郎氏によれば、反逆者の遺体を七つに斬り刻み、一定の地相の場所に埋葬する風習があり、将門公の例もその一つであるという。例えば七四五年に大宰府へ流刑となり、翌年没した玄昉の頭塔《ずとう》が奈良女子大構内にあるが、周辺に胴を祀った胴塚弁天、手を祀る肘《かいな》塚、眉や眼を埋めた玄昉松、足を葬った玄昉塚などが現存する。

将軍坂上田村麻呂《さかのうえのたむらまろ》による東北遠征の際、『新撰陸奥国誌』によれば、蝦夷《えぞ》の首長アテルイの鎮魂のために、七つの神社を北斗七星型になるように配置建立したという。

ちなみに、将門公には七人の影武者がいたとされる。本拠地であった茨城県相馬《そうま》郡（現守谷市）の海禅寺には、現に影武者の墓という七騎塚があり、また『相馬日記』によれば、同じく相馬郡延命寺から七つの武者像が発見されたという。この他、相馬郡西林寺の七騎塚、千葉県佐倉の七騎武者、千葉県東葛飾郡の七人衆、奥多摩の七つ石、名古屋市熱田神宮の七つ塚など、すべて将門の影武者ゆかりの遺構と伝えられる。

これらについて、民俗学者柳田國男の『七塚考』によれば、北斗七星信仰と関係するという。例えば千葉大学医学部の敷地に点在する将門公の七天王塚という七つの石碑は北斗七星型に配されているといわれる。すなわち、非業の死を遂げた人物を、北斗七星や聖なる数字七を用いて鎮魂する風習があったというのである。前に触れた将門公の首がさらされた場所が七条河原であったことも決して無関係ではない。一見何の関連ももたない東京の将門公を祀る社寺には、いったいどのような関係があるのだろうか。

大手町一丁目一番一号

もう一度、将門公の首塚の所在地を地図上で確認してみると、皇居、つまりもと江戸城の正面玄関である大手門正面に位置することがわかる。しかもその住所は千代田区大手町一丁目一番一号。都市開発の出発点を意味する。徳川家康が入城する前の太田道灌《どうかん》時代は、北桔梗門が大手門であったが、家康はわざわざ現在の首塚の位置に大手門を移したのである。江戸の都市は、城下町として江戸城を中心に開発されていくのだが、大手門は、かつてその出発点だったのである。

それではなぜ、将門の首塚が江戸開発の出発点に祀られているのだろうか。

一般的に、自然を相手に土地開発を進める過程で、必ず様々な妨害に遇《あ》う。それらはその土地の地霊の祟りだとされてきた。建物を建てる際、現在でも必ず地鎮祭を行ない、土地の地霊を鎮める。江戸の都市開発の場合も同様に、その出発点に地霊将門公の首塚を祀って鎮魂したのだろう。前にも述べたように、首塚は激しく祟る場所として関東中に知られ、将門公を鎮めれば、開発も成功すると考えられたのであろう。

また、江戸ッ子が「神田の生まれ」であることを自慢したのは、もともと神田神社が首塚、すなわち江戸開発の出発点にあったからに他ならない。

その後、江戸の都市は、首塚のある大手門から江戸城を中心として時計廻りにお堀をらせん状に掘り進めながら開発をすすめていった。このような「の」の字型の堀に、幕府はさら

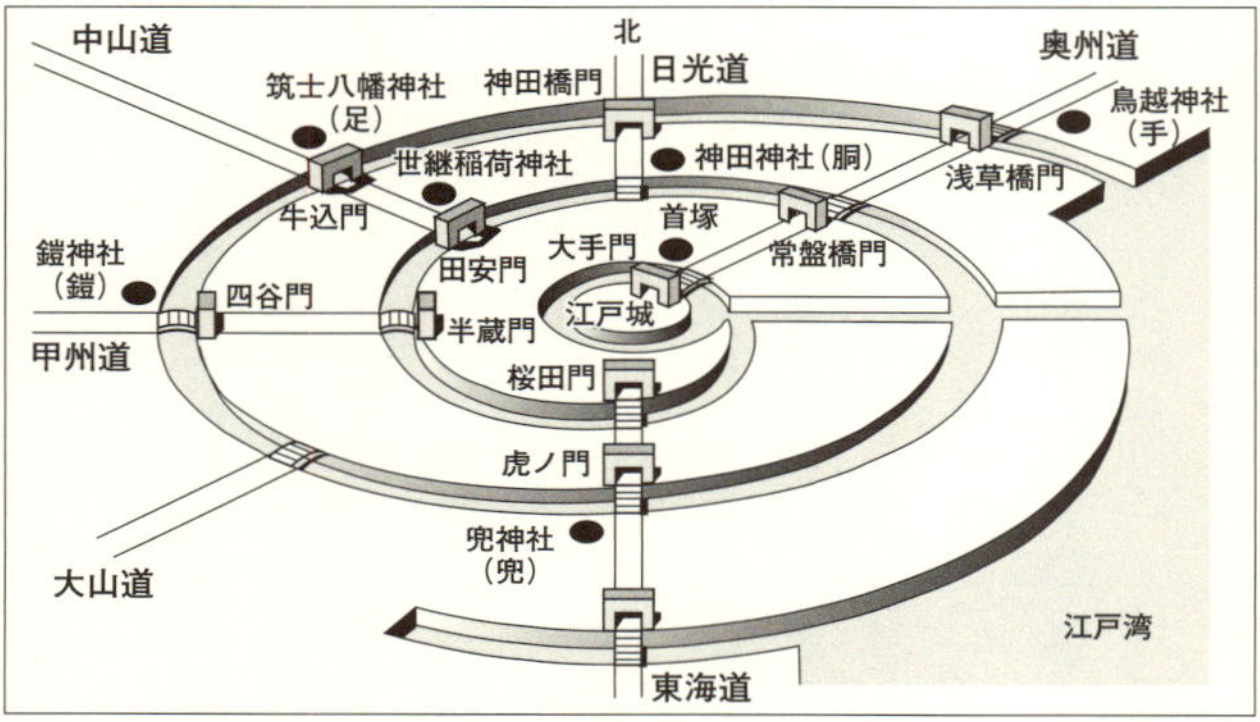

将門公遺跡の江戸都市構成図

に江戸城から放射状に延びる五街道すなわち東海道、甲州道、中山道、奥州道、日光道を組み合わせ、全国との陸上交通路を確保したといわれる。

それらのお堀と街道の交点には橋を架け、「見附」と呼ばれる城門を設けて交通を監理した。例えば日本橋、浅草橋、神田橋、新橋、飯田橋、あるいは虎ノ門や赤坂見附という地名はそれらの名残である。

呪術都市計画

注目すべきは、前述の将門公の身体の一部などを祀った神社が、すべてこれら五街道とお堀の交点である城門に隣接して設けられているという事実である。以下書き出してみよう。

首塚（首）――大手門（奥州道）

神田神社（胴）――神田橋門（日光道）

鳥越神社（手）――浅草橋門（奥州道）
世継稲荷神社（首桶）――田安門（中山道）
筑土八幡神社（足）――牛込門（中山道）
（もとは田安門前にあったものを家康が移転）
兜神社（兜）――虎ノ門（東海道）
鎧神社（鎧）――四谷門（甲州道）

これらの符合は、いったい何をあらわしているのだろうか。
五街道は江戸と全国を結ぶ主要道路であり、また城門は、その五街道の出入口なのである。つまり五街道それぞれの出入口に、江戸の地霊である将門公の身体を斬り刻み、神社としてねんごろに祀ることによって、街道を通じて江戸に侵入する悪鬼を封じる。同時に地霊そのものを鎮魂するという意図があったと思われる。

さらに遺構の数は、全部で七つ。前述の将門公の七人の影武者遺構と同様に、聖なる数字七を非業の死を遂げた将門公の鎮魂に用いたに違いない。

それでは、このような将門遺跡による江戸の呪術的都市計画を構想したのは、いったい誰だったのか。将門公の胴体を祀る神田神社を現在の江戸城の鬼門（東北）の地に移し、江戸の総鎮守としたのは、幕府の宗教担当ブレーン・南光坊天海であった。天海は、同じく江戸城の鬼門に寛永寺を建立し、住職を務めた人物である。

つまり、江戸の城門に接して、地霊将門公の七つの遺構を整えたのも、天海の手によると考えてよいだろう。

皮肉な運命

江戸の都市計画に、天海によって平将門公が地霊として組み込まれたことは、すでに述べた。しかしその背景には、実はさらに政治的な目的が与えられていたのである。それでは、その政治的な背景とは、いったいどんなことであったのだろうか。

江戸時代に入り、神田神社が首塚から切り離されて、現在の位置に移転したことは前に述べた。この際、神田神社は天海によって、江戸の総鎮守という最高の社格を与えられたのである。

では、神田神社を江戸の総鎮守にするということには、どんな意味があるのだろうか。

江戸に徳川幕府を開いて、家康が最初に行なったことは、天皇を政治から引き離すことであったのはいうまでもない。つまり、それまでの皇室中心の政治から武家中心の政治にしよ

神田神社は様々な変遷を辿ってきた

うとしたのである。

　政府を京都から江戸に移したのも、それまでの公家の中心地京都から離れるためであった。平将門公にしても、自らを新皇と称して朝廷に反抗した罪で殺された。つまり、天皇の敵だったのである。そこで幕府は、天皇の敵である将門を祀る神田神社を江戸の総鎮守にすることによってその勢力を強め、江戸ッ子が尊皇思想を持たないように仕組んだのであった。

　ところが、その思惑はみごとにはずれてしまうことになる。というのも、こののち、尊皇思想の国学が流行するのだが、その発端が、じつに神田神社の神主家で行なわれた国学の講演会であった。この講演会を聞いた賀茂真淵《かものまぶち》によって国学が発達し、このあと本居宣長《もとおりのりなが》、平田篤胤《ひらたあつたね》へと受けつがれ、幕末、明治時代の尊皇攘夷《そんのうじょうい》運動へと発展してしまうのである。

かつて反尊皇思想に利用された神田神社が、今度は尊皇思想発祥の地として、関東に国学を広めるのに利用されたのである。なんと皮肉な運命であろう。

その後、江戸時代から明治時代へと移り、尊皇思想が開花した頃、再び皮肉な運命が待っていたのである。一八七四年、明治天皇が神田神社に参拝することになった。そのため、明治政府は明治天皇に失礼になるとして、かつて朝敵として殺された将門公を主祭神からはずして、格の低い別社に降ろしてしまったのである。この事件は、後に第五章で述べるように、靖国神社創建と密接に関係している。

江戸ッ子たちは、この事件に腹を立てて、新しい主祭神には、一文銭すら投じなかったという。そのかわりに、将門公を祀る粗末な別社には、参拝者が相次いだといわれる。

幕府の仕組んだ江戸ッ子に反尊皇思想を持たせるというたくらみは、皮肉にもこんなところで成功していたことになる。

相次ぐ死傷者

江戸城が完成した一六三七（寛永十四）年頃、将門公の首塚のある柴崎周辺の地形は一変していた。神田山の土で海岸は埋めたてられ、柴崎海岸はまったくの内陸と化してしまったのである。そして、大名地となり、ここに酒井雅楽頭《さかいうたのかみ》（忠清）の屋敷が建てられると、首塚は酒井邸の中庭として残された。

その後、ここに将門稲荷神社が建てられると、奥女中たちに信仰され、祭礼日には神田明神の社司が招かれて祝詞《のりと》がささげられたという。しかし、一六七一年、この屋敷内で伊達騒動の主役、伊達安芸《だてあき》、原田甲斐《はらだかい》らが殺される、という事件が起きる。人々はこの事件を、将門公の祟りだといって恐れおののいたという。

明治に入ると、酒井邸は取り壊され、その跡に洋風の大蔵省庁舎が建てられたが、首塚はそのまま残った。首塚を壊す勇気のある者は、誰もいなかったのである。

その後、しばらくは将門公の霊の不遇時代は続くが、儒学者の織田完之《かんし》らによって将門公の雪冤《せつえん》運動が起こり、政府高官松方正義らも共鳴した。そして一九〇五年、時の内務大臣芳川顕正《あきまさ》をして大須本宝院真福寺に保存されていた『将門記《しょうもんき》』を国宝に指定させることに成功した。また、その二年後の一九〇七年、首塚の上に松方正義筆蹟、大蔵大臣阪谷芳郎《さかたによしろう》撰文の古跡保存碑が立てられた。

しかし、一九二三年の関東大震災で、大蔵省庁舎は焼失し、首塚の板碑や古跡保存碑等も破損した。さらに焼跡の整理の際、大蔵省は首塚も崩して平らに整地してしまったのである。

そしてその上に仮庁舎が建てられた。ところが大蔵省の記録によると、この仮庁舎で怪我や病気になる者が続出し、ついには大蔵大臣や幹部職員が相次いで十四人も変死するという怪異現象が起こった。

この事態にふるえ上がった役人は、仮庁舎を取り払い、一九二七年四月十七日、神田明神の社司平田盛胤《ひらたもりたね》が斎主となって盛大な将門公の鎮魂を行なった。この盛胤は、国学者平田篤胤の孫である上、将門公の末裔にあたる。

しかし将門公の祟りはいっこうにおさまらない。一九四〇年六月二十一日、大蔵省本庁舎に突然落雷があり、多数の死傷者が出た。なんと、この年は将門公の没後ちょうど千年目にあたっていたのである。

急きょ盛大な一千年祭を執行、将門首塚保存費を新しく出すこととなり、大蔵省役人全員で将門公にお詫びをしたという。そして、河田烈《かわたいさお》大蔵大臣自らが筆をとり、古跡保存碑を建立した。その後、大蔵省は、この地を逃げ出し、霞ケ関へ移転したが、一九四五年五月二十九日、第二次世界大戦の折り、空襲で庁舎が全焼し、役人の多くが死傷した。

ＧＨＱ関係の資料によれば、敗戦後、アメリカ軍がやってきて、単なる焼け跡としてモータープールにしようとブルドーザーで整地し始めたところ、何かの石にあたってブルドーザーが横転、二人がその下敷きとなり、一人が即死した。よく見ると、焼土の中に墓石のようなものがあり、地元の人を捜し出して聞いたところ、首塚であることが判明、司令部に首塚について説明した後、保存を陳情し、かろうじて保存されることになった。

丸の内に起きる怪談

しかし異変はやまない。一九六一年、首塚の東側の土地が日本長期信用銀行と三井生命保険相互会社のものとなり、ビルが建てられた。ところが日本長期信用銀行の建った場所は、首塚の旧参道上にあたっていたという。

二年後の一九六三年頃、塚に面した各階の部屋の行員がつぎつぎに発病。そこで、首塚の管理にあたっている神田明神の神職を招いておはらいをした。当時、同銀行では塚に面した部屋の行員の机は、窓側を向くか、横向きにするといわれた。これは将門公の首塚に不敬にならない配慮という。

一九七〇年七月十九日付の『朝日新聞』に「たたりと近代ビル」と題して、次のような一文が載った。

地価一億八千万円の都有地が、千年前の首塚にまつわる怨霊伝説のため売れず、ビル化をまぬがれている。千代田区大手町一番一号。塚の主は平安末期の武将平将門。周囲に日本長期信用銀行、三井生命保険相互、労働省、東京国税局などのビルが群立するオフィス街。新社屋建設を予定して塚の隣接地を手に入れた三井物産が〈ついでに塚の土地も〉と都に打診したところ〈塚を勝手に動かすとたたりがあるとかで……。〉ほかの理由もあるそうだが、物産は入手をあきらめた。ネコの額ほどの空地でもひく手あまたの丸の内に起きている〝怪談〟。

一九七三年には、首塚を挟んで、さらに二つのビルの新築工事が行なわれたが、この時も将門公の霊は威力を発揮する。丁重に供養をしてから工事にかかった方のビルは、何の事故もなかったが、無関心であった一方のビルでは、地下の工事中に二人の作業員が死亡し、同じ場所で怪我をする人が続発したという。

思想操作の結果

このようにみてくると、首塚という場所は、たえず伝説をつくり出してきたといえるであろう。そして、それは首塚に限ったことではなかった。

江戸時代、神田神社や鎧神社の信者たちは、成田山を参拝しなかったといわれる。これは、将門公を調伏しようとしたのが、成田山新勝寺《しんしょうじ》であったからである。

その成田山のお膝元の成田空港建設の際、将門公の亡霊が出現したという。また、ロッキード事件の際も、将門公が首塚のある大手町に現われたと噂されたときく。このほか、これらの事件と前後して様々な社会的な事件が相次いで起こり、それらはすべて将門公の祟りではないかと噂された。

将門公は、もともと神田神社の主祭神であったのであるが、一八七四年の明治天皇参拝以来、ずっと主祭神から降ろされていた。そこで一九八四年五月十四日の午後七時から、神田神社では将門公を主祭神に迎えるための遷座祭《せんざさい》が厳粛に執行された。実に百十年ぶりに、将門公は主祭神に戻ったわけである。

以上述べてきたように江戸時代、幕府によって配置された将門公遺跡は、近代に入っても不思議に伝説の絶えない場所であったことがわかる。これは、実際に様々な祟りが起こったというよりは、むしろそれらの事件を将門公に結びつけたくなるほど、江戸以降、将門公の人気が高かったせいだといえるであろう。

そして、それはとりも直さず幕府が将門公遺跡を用いて行なった、呪術による思想操作の結果に他ならなかったのである。

江戸の三厄のひとつ

神田神社（明神）の祭りは神田祭と呼ばれ、日枝神社の山王祭とともに江戸の二大祭の一つとして、隔年の九月十二日から十五日にかけて盛大に行なわれる。

神田神社と日枝神社が、それぞれ江戸城の鬼門と裏鬼門を守り固めていることは、いうまでもない。もともと神田祭は、徳川家康が関ヶ原の戦いで勝利をおさめた九月十五日に行なわれ、一六八一年から山王祭と衝突しないように、隔年に行なわれるよう改められた。

一六八八年からは、神田神社がもともと江戸城内にあったという理由で、神田祭の山車《だし》が田安門から竹橋門まで城内に入ることを許され、現在に至っている。

歴代将軍も、この練行《れんぎょう》を現在の乾《いぬい》門近くの上覧場で見物した。天下祭といわれるのはこのためである。

また、神田祭の際、神輿《みこし》は大手門前の大手橋に行き、そこで奉幣《ほうへい》をうけ、さらに平将門公の首塚にすすみ、二年に一度、切り離されていた将門公の胴を祀る神田神社の神輿《みこし》と、首を祀る首塚が出会うという趣向である。

神田祭は、人々にとって待ち遠しい祭礼であったが、その半面、火事、喧嘩とともに江戸の三厄のひとつといわれた。「火事と喧嘩は江戸の華」といって、江戸ッ子はかえって恥を自慢したわけであるが、神田祭についても同様であった。

祭礼にかかる費用は、すべて町火消しが出入の旦那衆（商家の有力者）から集めるのだが、要求通り出しておかないと、火事のときに消火に来てくれないことがたびたびあったという。祭礼はまったく旦那衆には災難であったのだ。

しかし、かつて朝廷に対して兵をあげ、死後も祟り続けて、現在も時おり荒ぶるという将門公を、江戸ッ子たちは恐れるどころか、かえって心待ちにして、二年に一度、たっぷり四日間を費して鎮め続けている。

天海のまいた種は、着実に実を結び、現代になってもなお生きつづけているのである。

上・下御霊神社（京都）
——天皇にふりかかった怪異

皇居守護と八所御霊

京都では北を上《かみ》、南を下《しも》といい、かつて皇居であった京都御所を正確に南北に挟む位置に上御霊神社と下御霊神社が鎮座している。

「御霊《ごりょう》」とはもとは「おんりょう」と読み、「怨霊」のことを指す。上・下御霊神社はどちらも七九四年に桓武天皇が現在の京都のルーツである平安京へ遷都した際、皇居を守護させるために建立した社である。

主祭神はどちらも桓武天皇の弟・早良《さわら》親王であり、これに、上御霊神社は井上《いがみ》内親王、菅原道真、他戸《おさべ》親王、藤原大夫、橘《たちばな》夫人、文大夫、吉備《きび》大臣を祀っている。また下御霊神社は井上内親王、他戸親王のかわりに伊予親王と藤原広嗣を祀る。それぞれ「八所御霊」と呼

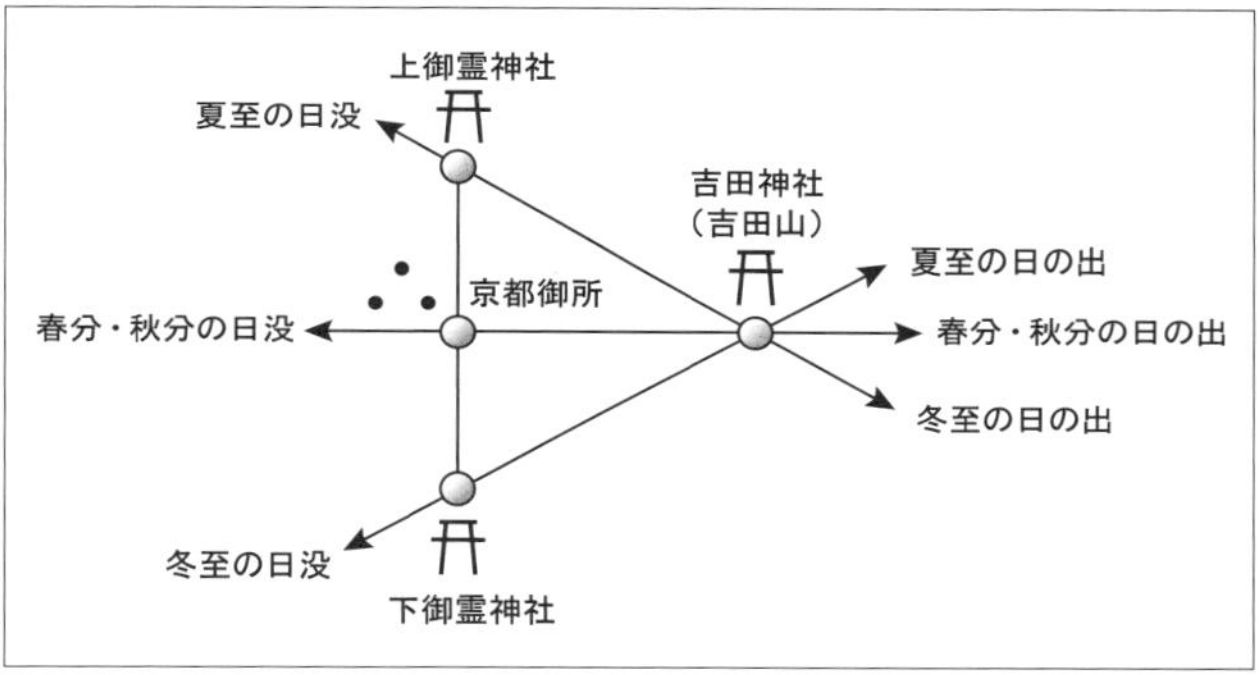

平安京の自然暦

ばれ、すべて藤原氏によって踏みつけにされ、恨みをもって死んでいった人々の霊である。

興味深いのは、上御霊神社から、吉田神社が建つ吉田山山頂から冬至の日の出が見え、また下御霊神社から吉田山山頂に夏至の日の出が見えることであろう。さらに京都御所から、吉田山に春分・秋分の日の出が見えることがわかる。つまり、上・下御霊神社と吉田山山頂の吉田神社は正確に正三角形を形成しているのである。なお、このような夏至や冬至、春分・秋分に特定の場所から日の出没が起きるしくみを「自然暦」といい、世界中で数多くの事例が報告されている。

吉田山は標高一二四メートルの円錐形の神奈備山《かむなび》で、吉田神社は八五九年、平安京の鎮座神としてその頂上に鎮座された社である。春日大社、大原野神社と並んで藤原氏の氏神の一つであり、現在は三一三二の「よろずの神」を祀っている。

上・下御霊神社も吉田神社も藤原氏に関係する社であることから、これらの自然暦も決して偶然そうなったわけではなく、平安遷都の際、意図的に形成されたものとみてよいだろう。

上御霊神社

天皇への怨念

桓武天皇は当初、平安京への遷都ではなく、長岡京への遷都を考えていた。しかし、その計画がある理由でだめになったため、あわてて造られたのが平安京である。いわば「やっつけ仕事」で造られたのが平安京であるといっても過言ではなく、以後一二〇〇年以上も栄え続けるとは、当初は誰も思わなかったに違いない。

近年、長岡京の発掘調査がすすむにつれて、ある一つの事実が判明した。

長岡京は、大内裏（天皇の住居）や条坊（縦横の道）も完成し、十分使える状態であったことが明らかとなったのだ。また、東に桂川、西に丹後路、北に北山、南に巨椋《おぐら》池が位置し、陰陽道で大吉の地相を指す四神相応《しじんそうおう》にぴったりあてはまることもわかった。さらに規模も平安京以上であり、なにより桂・木津・宇治の三川の合流点にあり、水上交通の要衝にあたる。また長岡京の西北「大枝」の地は、桓武天皇の実家の地であった。

このような好条件をもち、用意周到に計画された長岡京を見捨てて、桓武天皇が平安京へ遷都したのは、いったいどんな理由からだろうか。結論を先にいえば、天皇の弟で上・下御霊神社の主祭神である早良親王が激しく祟ったからに他ならない。

下御霊神社

ことの発端は七八五年、長岡京の設計者・藤原種継《たねつぐ》が暗殺されたことにはじまる。桓武天皇は、これを天皇に対する反抗とみて、ただちに犯人を捜させた。その結果、天皇の弟、早良親王が主犯であるとされ、淡路島へ流された。

しかし早良親王は無実を主張、兄である天皇に抗議のため絶食、十数日後、舟上で壮絶な餓死を遂げる。それでも天皇の怒りは解けず、遺体を淡路島へ島流しにした。

天皇は一時の怒りからさめると、今度はそれが罪悪感となり、さらに一生治らない心の傷となった。その時から怨霊が天皇の心の傷口にすみついたのではないだろうか。

やまない怪異

早良親王の死の翌年、天皇の側室・旅子《たびこ》の母と姉ら数名が突然亡くなる。また七八八年には旅子本人が三十歳の若さで変死を遂げた。その翌年には天皇の実母が亡くなり、七九〇年には天皇の正室・乙牟漏《おとむろ》が三十一歳の若さで急死した。この年は都で天然痘が大流行、『日本紀略』には「街に死体の山」と記されている。

こうしたたび重なる身内の死をみた天皇は、やせ衰えて死んでいった弟の顔をいやでも思い出さずにはいられなかったに違いない。

七九一年には天皇の祖先を祀る伊勢神宮が全焼、皇太子安殿親王《あてのみこ》が訪れ、帰ってきたら病気になった。翌七九二年、皇太子の病気がいっこうによくならないので陰陽師に占わせたら、早良親王の祟りという答えが出た。天皇はただちに淡路島の早良親王の墓へ使者を送って墓を建て直させている。

七九三年一月には『日本紀略』に「怪あり」という記述があり、矢を放つ儀式の中で怪異があり、取り止めになっている。儀式を中止するくらいだから、相当に恐ろしいことが起きたとみられるが、何があったのかはわからない。

六月には雷雨のため、造営中の長岡京に鉄砲水がはしって建物をこわした。八月には集中豪雨のため、淀川が大洪水を起こした。天皇は一面泥の海となった長岡京を見て、またもや弟の顔を思い出したに違いない。

怨霊のついた街に都を遷《うつ》すわけにはいかない。そこで平安京の造営を急ピッチですすめることになった。長岡京とともに、弟の霊も切り捨てて新しい出発を天皇は考えたのだろう。ところが弟の怨霊は天皇といっしょに平安京についてきてしまう。そもそもが天皇の心の中にすんでいる怨霊だから当然といえば当然である。

平安京へ移っても、怪異は続く。遷都したばかりの七九四年、皇太子の愛妻帯子《おびこ》が急死する。『日本紀略』には「たちまち病あり頓死《とんし》」とある。

七九六年には天皇の側室・因幡国造浄成女《いなばのくにのみやつこきよなりのむすめ》が亡くなった。翌七九七年には宮廷でお経の読誦の最中怪異があった。『日本紀略』には「怪異あると以《もっ》てなり」と記されている。どんな内容であったかは不明である。但し、翌日僧二人が淡路島へ急行しているから、早良親王の怨霊のしわざであることがはっきりわかる怪異であったのだろう。

七九九年には、早良親王の墓に再び僧が派遣されているが、この時皇太子の家臣が同行していることから、安殿親王に何か異変があったのかもしれない。

祟られた天皇の奇行

このように平安京へ移ってからも、天皇は決してやすらかではなかった。大地震が起こり、大風が吹く。そのたびに早良親王の名がそっとささやかれた。

八〇〇年三月、ついに富士山が大噴火する。

溶岩が流れ出て、火山弾が飛び散った。火山灰が太陽光を遮り、一日中夜中のようであった。何日も地震が続き、灰を含んだ黒い雨がふったという。人々は早良親王の怒りが頂点に達したと恐れおののいた。

一ヶ月後、弱り果てた桓武天皇は、死んだ早良親王を天皇にするという奇行に及ぶ。それが崇道《すどう》天皇である。また天皇は、早良親王の墓から骨を取り出して、八島寺に納めて手厚く祀った。

この頃天皇は、雉《きじ》の群れが宮廷に集まったといっては慎み、キツツキが宮廷に入ったといっては外出を取り止め、すっかりふけこんで毎日神経を針のように尖らせている。

八〇四年八月、暴風雨で宮廷の建物が倒れ、下敷となった牛が死んだ。この牛を天皇はひどく気にした。なぜなら天皇は七三七年のうしどし生まれだったからに他ならない。

同年十二月、天皇は牛の皮の加工製品をつくることを禁止する令を出す始末である。

そしてついに天皇は死の床に就く。心身ともに弱り果てた天皇には、ただひたすら弟の怨霊におわびするしか方法がなかった。淡路島に大寺院を建立、僧一五〇名にお経をよませている。天皇の枕元には、夜な夜な弟の幽霊が立ったに違いない。翌八〇五年及び八〇六年の正月を朝廷は廃日にした。

八〇五年三月、いよいよ天皇に死が近づくと、早良親王の死の発端である種継事件で罰せられた者はすべて無罪とし、位ももとへ戻された。また全国の国分寺で月に七回、早良親王鎮魂のお経をよませている。これはもう国家的規模の謝罪といってよい。

しかし、こうした努力もむなしく、桓武天皇はあの世へ旅立った。死んで初めて怨霊から解放されたのである。

早良親王を主祭神とした上・下御霊神社の存在は、こうした祟りを物語っているのである。

北野天満宮（京都）
——行きはよいよい帰りはこわい

荒ぶる怨霊神

「天神」と名のつく神社は、全国に約一〇五もあるという。その本家にあたる神社こそが、京都の北野天満宮である。主祭神は現在学問の神として知られる菅原道真であり、九州の太宰府天満宮は、道真が没した地であるという。入試の季節が近づくと、境内はご利益を求める受験生でいっぱいになる。

道真は、今でこそ学問の神として崇拝されているが、じつは激しく荒ぶる怨霊神であった。「とおりゃんせ」という童謡がそれを如実に物語っているといってよい。

通りゃんせ　通りゃんせ　ここはどこの細道じゃ

天神様の細道じゃ　ちいっと通してくだしゃんせ
御用のないもの通しゃせぬ
この子の七つのお祝いにお札を納めに参ります
行きはよいよい帰りはこわい
こわいながらも　とおりゃんせ　とおりゃんせ

いったい、なぜ、行きはよくて、帰りはこわいのだろうか。

エリートから流刑の身へ

菅原道真は、代々学者の家系に生まれた。よって道真も学者になるべく英才教育を受け、エリートコースを歩んだ人物である。文章生《もんじようしよう》にわずか十八歳で合格、文章生からわずか二名のみがなれる文章得業生《もんじようとくごうしよう》に二十三歳で合格した。二十六歳の時には、現在の上級国家試験にあたる文略試に合格、三十三歳の時に文章博士となった。道真が今日、学問の神として信仰されているゆえんである。

ところが、その後道真はライバルの陰謀で四年間、地方へ左遷されてしまう。これが道真にとって、人生で初めての試練であった。

しかしここで「阿衡《あこう》事件」が起きる。宇多天皇が藤原基経《もとつね》を「阿衡」と呼ばれる役職（関白）に任命したが、基経は仕事を怠けた。

すかさず道真は基経に抗議したため、基経はそれを機に心を入れかえ、仕事をするようになった。こうして問題がかたづき、道真は宇多天皇の寵愛をうけるようになったのである。

その結果、道真は天皇、左大臣に次ぐ右大臣の地位にまでかけ昇ったのであった。

しかし、道真には二度目の左遷が待ちかまえていた。宇多天皇にかわって、醍醐天皇が即位すると、道真のライバルであった左大臣、藤原時平の陰謀により、道真は九州の太宰府に流されてしまう。

『故事要略』には次のように述べられている。

「低い家柄の出身ながら大臣にまで取り立てられたのに、道真は身の程知らずの野心を持ち、宇多天皇を欺き、醍醐天皇の廃位を計画し、道真の女婿を天皇にしようとした」

また、『大鏡』には次のように記されている。

「年も若く、学才も道真に格段に劣っていた時平の嫉妬によって陥れられた」

道真は流刑の身となり、九州まではつながれたまま徒歩で旅したという。太宰府での生活もあわれなものであった。家は傾き、床は朽ち、雨漏りした。衣食ともぎりぎりの乞食同然の生活であったという。

そればかりか、飛火は彼の子息にも及んだ。二三人の子供のうち、上から四人がそれぞれ土佐、駿河、飛驒、播磨へ流された。

道真は詩、歌を友として孤独と絶望を紛らわしたが、胃病や皮膚病にかかり、流されて二年後、ついに没する。

相次ぐ異変

道真が亡くなって間もなく、平安京では異変が相次いだ。

九〇八年には、道真の左遷工作に一役買った藤原菅根《すがね》が突如病死する。また翌九〇九年には、道真をわなにはめた張本人時平が、わずか三九歳で急死した。

『大鏡』には、次のような異変が記録されている。

「道真の怨霊が雷となって清涼殿に落ちようとした時、時平は刀を抜き『存命中は私より身分の低い右大臣であったお前が雷神になったとしても、私に遠慮するのが当然であろう』とどなりつけると道真は姿を消した」

道真はまさに雷神となって時平に祟ったというのである。また、次のような記録もある。
「内裏が火事になり、再建するたびに屋根の裏板がすぐに虫に喰われ、それが文字のかたちをしているので読んでみると、道真の恨みの歌だった」

祟りはまだまだ続く。

九二三年には、時平の妹を天皇と結婚させて生まれた皇太子・保明《やすあきら》親王が二十一歳で急死する。『日本紀略』によれば「世間の人みな悲しみ、道真の怨霊のしわざだと言い立てた」と記されている。

九二三年、ついに醍醐天皇は、死んだ道真の位をもとの右大臣に戻し、左遷の命令書を破り捨てて道真に詫びようとした。しかし、祟りはいっこうにおさまらない。九二五年、皇太子・慶頼王がわずか五歳であっけなく没してしまった。

九三〇年の異変については、『日本紀略』が次のように記録している。

「平安京では五月から七月にかけて全く雨が降らず、清涼殿で皆で集まり、雨乞いの相談をした。午後になると、にわかに黒雲が広がり、雷鳴が轟き、つぎの瞬間、清涼殿南西の柱に落雷、藤原清貫《きよつら》は胸が焼けて死亡。平希世《たいらのまれよ》は顔が焼けただれて即死した。同じころ、紫宸殿にも落雷、右兵衛佐《うひょうえのすけ》、美努忠包《みぬのただかね》も髪を焼かれて死亡した。紀蔭連《きのかげつら》は腹が焼けて死亡、安曇宗仁《あずみのむねひと》も足が焼けて即死した。助かった者たちの目には、閃光と轟音によって気絶する瞬間、道真の怨霊が黒い雷雲にのってやってきた姿がはっきりと見えた」

同年、醍醐天皇は病に倒れ、延暦寺の僧に悪霊退散のお経を読ませるが、そのかいもなく四十六歳でこの世を去った。

九三六年には、時平の長男・保忠《やすただ》が四十七歳で病死。その死の床について『大鏡』には次のように記されている。

「保忠の病気治療祈願のため、僧が枕元でお経を読んでいたところ、保忠は宮毘羅大将《くびらたいしょう》という名のお経の言葉を聞き間違え、『大将の私をくびり殺すのか』と絶叫し、恐怖のあまり気絶した」

宮毘羅大将とは、薬師如来が病いを起こす悪霊と戦う際に変化する十二神将の一つである。

創建の秘密

『冥途記《めいどき》』によれば、九四三年、多治比文子《たじひあやこ》に道真の霊が乗り移り「北野の右近の馬場に私を祀ってくれ」といったといわれる。しかし文子はそれが果たせず、我が家の庭に粗末な社を祀った。

九四七年、今度は近江の比良宮《ひら》の神職・神良種《みわのよしたね》の七歳の息子太郎丸に道真の霊が乗り移り、「これから私の住みつく所に松を生やす」と語った。すると一夜のうちに北野の右近の馬場に松が生えたという。そこで、僧最珍が文子・良種と共に、北野に小さな社を建立した。しかしこの社すらも道真の祟りで、その後五回も繰り返し焼けたといわれる。

九五九年、藤原師輔《もろすけ》がこの社を建て替えて整えたのが、今日の北野天満宮の起こりという。師輔は道真をわなにはめた時平の弟・忠平の息子にあたり、道真ともごく親しく、時平の陰謀にも加わらなかった。当時、時平の家系は道真に呪われていると考えられていた。落雷や火災、疫病などすべてがそのせいであるとされた。

そんなときに、道真の社殿を立派に建て直した師輔は、当然人々の信望を集めることになる。時平の家系は衰えていき、師輔は栄えて、道長、頼通につながって日本の政治の実権を握ることになるのだ。ようするに時平の家系が衰え、師輔の家系が栄えた背景には、師輔が道真の怨霊を政治的にうまく利用したためであったといってよい。多治比文子や太郎丸に道真の霊が乗り移った話も師輔のでっちあげに相違ない。なぜならば最珍は師輔の片腕的存在であったからに他ならない。

北野天満宮は八〇〇年代から、農業の神すなわち雨をもたらす天神を奉ってこの地に存在

北野天満宮神門

していた。道真の霊を師輔はこの社に託したのである。

しかし、いつまでも雷＝道真として、雷が落ちるたびに道真が藤原氏に祟っていると大衆が騒ぐままにしておくことは、師輔にとっても好ましいことではない。ここに道真のイメージチェンジが必要になってきたのである。そこで、道真がエリートコースを歩んできたことを大いにＰＲ、学問の神として春には梅の花を飾り、夏には七夕祭、秋にはずいき祭を行なって明るいイメージに塗りかえたのであった。

北野天満宮では、毎月二十五日を道真の縁日として、境内で骨董市が開かれる。これは、道真の誕生日、太宰府に流された日、死んだ日が全て二十五日であったことに由来する。

童謡「とおりゃんせ」の「行きはよいよい帰りはこわい」というフレーズは、こうした怨霊として激しく祟った道真の出来事を暗に物語っていたのである。

第二章　王権の神々

大神神社（奈良）
——巨大な正三角形

自然＝神

元来、神社には神の家である本殿はなく、神奈備《かむなび》あるいは三諸《みもろ》と呼ばれる山や、神籬《ひもろぎ》と呼ばれる木、磐座《いわくら》と呼ばれる石などで祭祀を行ない、そこに神が宿ると信じられてきた。

例えば、現存する最古の起源をもつ奈良の大神《おおみわ》神社には三輪山を神の宿りとするため、礼拝のための拝殿はあるが、本殿は存在しない。この御神体である山は、禁足地として神職ですらほとんど入ることができない。また、諏訪《すわ》大社には上社と下社があり、さらにそれぞれ前宮と本宮があるが　それらすべて拝殿はあるが本殿はなく、四本の「御柱《おんばしら》」と呼ばれる神籬を祀っている。さらに石清水《いわしみず》八幡宮は本殿こそあるものの、本殿の真下は巨大な岩であり、磐座を御神体として祀っていることがわかる。天皇の祖先として伊勢神宮に祀られる天照大神《あまてらすおおみかみ》

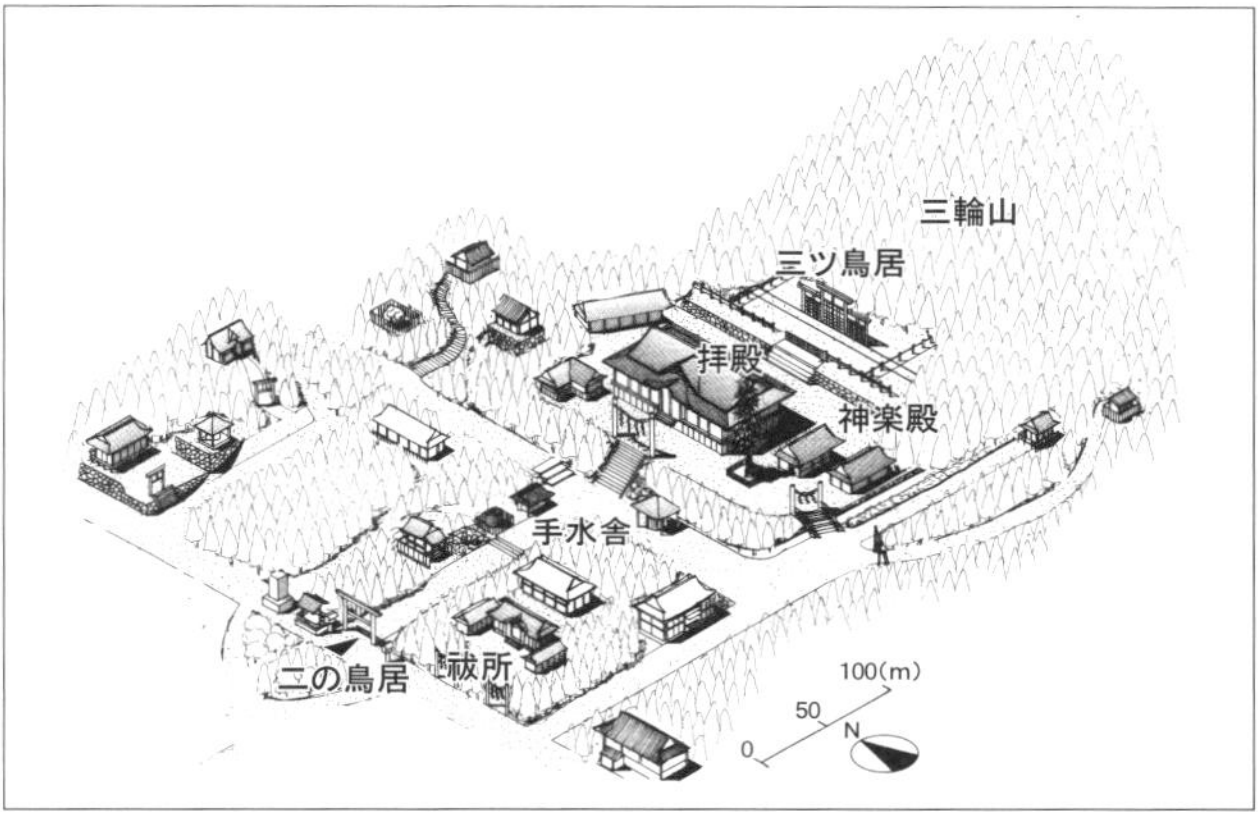

大神神社配置図

は太陽神であり、またその弟神である月読命《つきよみのみこと》は、月神として月読神社に祀られている。つまり太陽や月といった自然を崇拝してきたことがわかる。

一体、このような自然＝神といった概念はどこからきたのだろうか。

いまだ定説こそもたないが、日本最古の神社の一つといわれる奈良の大神神社周辺の遺構の配置が、私たちにあるヒントを与えてくれる。

禁じられた地

大神神社は大和国の一の宮といわれる。祭神は大物主神《おおものぬしのかみ》、大己貴神《おおなむちのかみ》などだが、すべて出雲大社に祀られる大国主命《おおくにぬしのみこと》の別称である。本殿はなく、拝殿の背後の三輪山を三ツ鳥居と呼ばれる特異な鳥居ごしに拝むしくみとなっている。

三輪山は標高四六七メートル、周囲約十六キロの円錐形の美しい山だが、禁足地となっており、一般の人々が登ることは禁じられている。豊臣秀吉や徳川幕府の検地帳を見ても「除地三輪明神山」と記され、測量されたことがないという。しかし、考古学者の樋口清之氏などの調査結果などをみると、自然に露出した磐境《いわさか》や人為的に並べられた磐座などの巨石群があることがわかる。これらは祭祀遺跡とみられ、石ノ原のあるオーカミ谷に並ぶ一群、大神神社拝殿から頂上に向かう一群が発見された。

オーカミ谷の一群は、頂上の高峯《こうのみね》神社付近の奥津《おきつ》磐座、中腹の中津《なかつ》磐座、山麓の辺津《へつ》磐座の三ヶ所に分かれる。中でも奥津磐座はストーンサークルを形成しており、祭祀が行なわれたことが明らかである。

大神神社のこれらの禁足地からは、子持勾玉《まがたま》や有孔円板、勾玉、管玉、臼玉、銀環、ガラス玉、須恵器《すえき》、土製模造品などが江戸時代から近年までたびたび出土するといわれ、これらを埋納して儀式が行なわれたものとみられる。

この他、三輪山には山ノ神遺跡と呼ばれる巨石があり、ここからもおびただしい数の勾玉やその土製模造品が出土した。また、伊勢神宮が遷宮される以前に鎮座した倭笠縫邑《やまとかさぬいむら》の地とされる檜原神社も三輪山内にあり、臼玉や土製模造品が出土した。その他、大神神社奥垣内の祭祀遺跡や、天理教敷島教会出土品、三輪小学校出土品など枚挙に暇がない。

これらは五世紀後半頃の祭祀跡とみられ、中世まで儀式は続けられたものとみられる。

死と再生の地

三輪山の西に位置するのが二上《ふたかみ》山である。雄岳（五四〇メートル）と雌岳（四七四メートル）の二つの峰をもつ山で、大和平野と河内平野を二分する境界でもある。ここには古代の二本の幹線道路があり、北の道を「穴虫越《あなむしごえ》」、南の道を「竹内越《たけのうちごえ》」と呼び、大陸文化はこれらの道を通って大和へ伝えられたのである。二上山雄岳山頂は謀反の罪で刑死した悲劇の皇子・大津皇子の墓があることで有名である。

大津皇子が眠る二上山

この山の河内平野側の西麓には、おびただしい数の墳墓群がある。北から南へ孝徳天皇陵、小野妹子の墳墓、推古天皇陵、用明天皇陵、蘇我馬子《そがのうまこ》の墳墓などがある。さらに聖徳太子の墓のある叡福寺、石《いし》姫皇女《ひめのひめみこ》の前方後円墳などが連続するのである。

これらの墳墓群は、すべて仏教伝来の直後から六四五年の大化の改新ののちまでのおよそ六、七十年の飛鳥時代に生きた天皇、皇族たちの墓である。つまり、大和平野の西の二上山の西麓にこれらの墳墓が配されたのは、仏教の伝来に由来しているように思われる。

仏教では「西方浄土」といって浄土であるあの世は西にあるとされた。これはおそらく太陽信仰に端を発する概念であろう。すなわち太陽は東に昇り、西に沈むことを繰り返す。いいかえれば西で死に、東で再生するのである。

つまり、これを大和平野にあてはめれば、西の二上山が死の場所であり、東の三輪山が再生の場所となる。西の二上山のさらに西麓に墳墓が築かれた背景には、西＝他界の場といった概念があったからに他ならない。

現実に、後述する多《おお》神社から見ると、春分・秋分の日の出が三輪山山頂から昇り、二上山に没することがわかる。三輪山は再生の山、二上山は死の山と位置付けられていたのである。

旧暦の春分と一致

三輪山と二上山を結ぶ東西線上に、多神社がある。正式には「多坐《おおにいます》弥《み》志《し》理《り》都《つ》比《ひ》古《こ》神社」といい、延喜式内社中、最も高位にある名神大社《みょうじんたいしゃ》である。祭神は、第一に神武天皇を掲げ、崇神天皇七年の創建という。

小川光三氏（『大和の原像』大和書房、一九七三年）によれば、多神社の祭礼は四月二十日だが、これを旧暦に直すと三月二十五日になるという。推古天皇以前は冬至を元日としたから、冬至から三ヶ月二十五日分を数えると、三月二十日つまり春分に一致するというのだ。

現実に、この多神社から見て春分の日の出は三輪山山頂に昇り、祭礼とくしくも合致するというのである。また多神社の社殿は正確な東西配置となっており、かつては春日宮と呼ばれ、春分の日の出との関係が示唆できる。

多神社

さらに多神社と三輪山山頂の春分・秋分の日の出没の軸線上には、三輪大物主神の祭祀者である天児屋根命《あまのこやねのみこと》を祀る「春日日神」と呼ばれる小祠がある。そのことがこれらの関係をさらに強化しているといってよいだろう。

多神社の周囲には、姫皇子命《ひめみこのみこと》神社、小社《おごそ》神社、屋就神命《やつきのかみのみこと》神社、皇子神命《みこのかみのみこと》神社があり、かつて目原神社などもあったといわれ、多神社と共に、古来「意富《おほ》六社」と称したという。

『日本書紀』、『古事記』によれば、神武天皇と五十鈴媛命の子・神涼名川耳命は自ら斎人《いわいびと》と呼ばれる祭祀者となり、これが多臣《おおのおみ》の始祖であるという。

つまり、後に詳しく述べるように、出雲や出雲の国譲りを行なった建御雷神を祀る鹿島神宮にオホ氏が関与したことを裏付ける記述であるといえよう。また、多臣の始祖について『古事記』には、意富臣他十九氏を掲げている。この十九氏こそが多氏であり意宇氏であって、各地で祭祀を行なったことがうかがえる。

多神社に接して流れる飛鳥川の堤防工事の際、弥生時代のおびただしい数の土器、石器が出土したといわれ、社の注進状にも川原で祭祀を行なったとあることから、それを裏付ける結果となった。

また、本殿背後に「神武塚」と呼ばれる円丘があり、ここからも多数の土器が出土することから、古代の磐境とみられ、祭祀を行なった場所といわれる。飛鳥川の清流で沐浴《みそぎ》祓《はらえ》をして、さらに磐境で祭祀を行なったことが推測できる。

社の縁起書には「祭神神武天皇御子神八井耳命この地に降りて天神地祇を祀る」とあって、この磐境に神を宿らせたのだろう。

なお、円丘の南側に方丘の形状をわずかに留める部分があり、あるいは神八井耳命の墳墓であった可能性も否定できない。

日没と天皇陵

それでは三輪山から見て冬至の日没の方位には何があるのだろうか。小川光三氏（前掲）によれば、神武天皇陵が三輪山と自然暦を形成しているという。また、神武天皇陵は多神社の真南に位置するというのである。

神武天皇陵

さらに神武天皇陵の冬至の日没の方位には、畝傍《うねび》山が位置している。畝傍山には日本の初期の天皇陵が集中して造られており、初代神武天皇陵だけでなく、二代綏靖《すいぜい》天皇、三代安寧《あんねい》天皇、四代懿徳《いとく》天皇の墓陵がある。また畝傍山のさらに冬至の日没の方位には数百基の古墳が密集する新沢千塚《にいざわせんづか》がある。

つまり、畝傍山は三輪山から見て、太陽の日照活動が最も弱まる冬至の、しかも日の「死ぬ」日没の方位にあることから、あの世と考えられていたことがわかる。反対に畝傍山から見れば、一年で最も太陽の日照活動が強まる夏至の、しかも日の生まれかわる日の出を三輪山に望むことになり、神々が畝傍山の地で他界し、三輪山からの再生を願ったのであろう。

神話と一致

さらに三輪山の夏至の日没方位には何があるのだろうか。小川光三氏（前掲）によれば、鏡作《かがみつくり》神社がそれにあたるという。いいかえれば、鏡作神社から見ると、冬至の日の出が三輪山に望めることになる。しかも多神社の真北に位置し、三輪山山頂、神武天皇陵と共に一辺八・六キロの正三角形をなすというのだ。

鏡作神社の周辺には、鏡作坐天照御魂《かがみつくりにいますあまてるみたま》神社、鏡作麻気《まけ》神社、鏡作伊多《いた》神社など同系統の神社が集中しており、古代の祭祀に用いる鏡を作る鏡作部の集落があったとみられる。社伝によれば、多神社とほぼ同じ崇神天皇六年の創建といい、この大正三角形の形成は弥生時代後期とみられる。祭神は現在三座あり、天照国照日子火明《あまてるくにてるひこほあかり》命、石凝姥《いしこりどめ》命、天児屋根命だが、石凝姥命は、三種の神器の一つ八咫鏡《やたのかがみ》の作者として知られる。

八咫鏡は天石戸《あまのいわと》神話に登場するが、祭神の一つ天児屋根命はこの神話の主人公である。しかも『日本書紀』『古事記』には、この天児屋根命が三輪山の祭神大物主命（大国主命）の祭祀者であるとはっきり記されているのである。

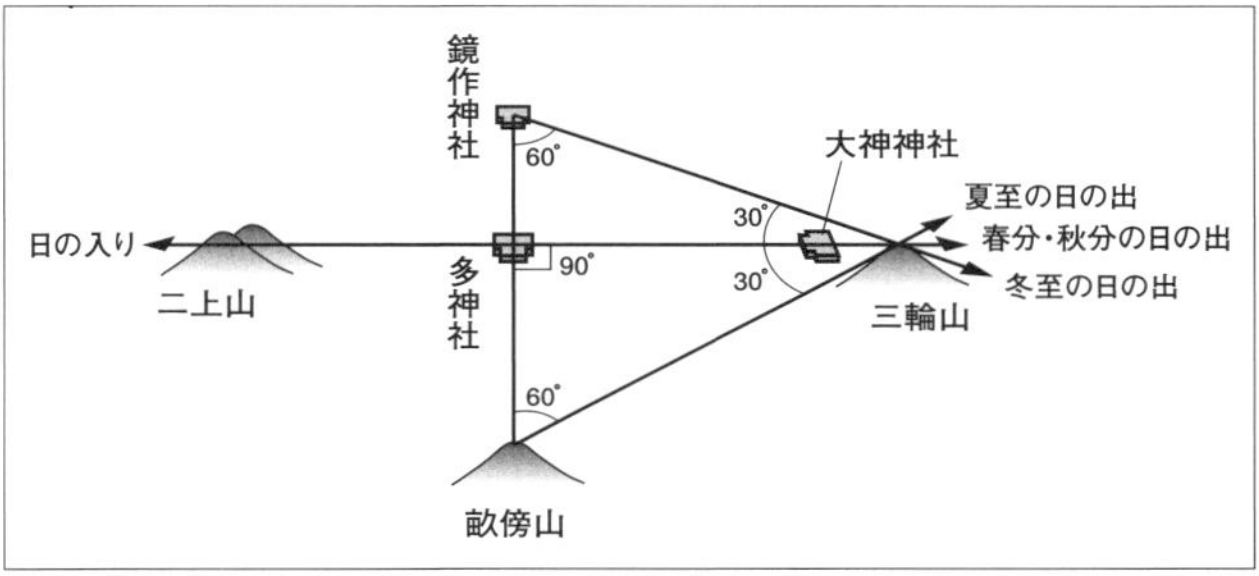

大神神社を中心とした自然暦

天石戸神話は、冬至の祭事の神話化であるといわれ、三輪山に昇る冬至の日の出を望むこの地はくしくも神話と合致することになる。

鳥居のルーツ

また、多神社と三輪山山頂を結ぶ春分・秋分の日の出没東西線をさらに東へ延長すると、秉田《ひきた》神社に達する（小川光三氏、前掲）。白河郷すなわち新羅からの渡来人の集落といわれる地に鎮座する。

祭神は三輪山と同じ大己貴命と引田氏の先祖であるといい、『日本書紀』には高麗大使として「三輪引田君難波麻呂」の名があり、また『続日本紀』によれば、この三ツ鳥居はもともと春日神社にあり、それぞれの鳥居が斎槻岳《ゆつきがたけ》に登る夏至の日の出、三輪山に登る春分・秋分の日の出、玉列《たまつら》神社に昇る冬至の日の出を望むしくみを持っていたのではないかと推測している。小川光三氏は、鳥居の下にたらすしめ縄は暦を知るための目印であるという、大変興味深い指摘をしている。

ちなみに、鳥居はどんな機能をもっているのだろうか。神社の入口であるというのが一般的な認識であるが、ここでは自然暦の拝みの場である可能性について考えてみたい。

中国東北部の諸民族は、立柱祭を行なうことで知られるが、柱を太陽の上昇する東南の方向にむけ、柱の頂には鳥の造形物を数多くとまらせ、太陽神との交信の使者として太陽にさし出すのである。伊勢の神島のゲーター祭はそれが日本に伝わった名残りといわれている。鳥居のルーツは、おそらくこの柱に端を発するといわれている。

鳥がさえずれば日が昇る。鳥が飛び去れば日が沈む。太陽の出没に鳥は重要な役割を果たすと古来考えられた。『春秋左氏伝』には鳥の名をもつ官職（鳥官）が暦の官であることを次のように記しているという（萩原秀三郎氏「東アジアの民俗事例から見た立柱祭」『縄文ランドスケープ』所収）。

鳳凰氏は暦正（暦の官）なり、玄鳥（燕）氏は分（春分・秋分）を司るものなり。伯趙（百舌鳥）氏は至（夏至・冬至）を司るものなり。青鳥（鶯）氏は啓（立春・立夏）を司るものなり。丹鳥（雉）氏は閉（立秋・立冬）を司るものなり。

すなわち、鳥官が春分・秋分、夏至・冬至などの太陽による自然暦をつかさどり、それが鳥と結びつけられて説かれているのである。鳥居という名称は、自然暦と鳥との関係から命名された可能性を示唆しているといえよう。すなわち、鳥居は太陽の出没を拝むためのゲートであるといえないだろうか。そして、しめ縄がその目もりのような機能を果たしていたと考えると、三ツ鳥居の意味も解けるのである。

巨大な三つの正三角形

三輪山山頂から真北に一・五キロの地に斎槻岳が位置する（小川光三氏、前掲）。斎槻岳は雄岳と雌岳をもつ二上山や三上山と同様の二峰山であり、古来、神奈備山として崇拝されてきた。

斎槻岳が三輪山の真北にあるのはむろん地理的偶然である。しかし、ここで注目したいのは、斎槻岳から見て前述の秉田神社が冬至の日の出の方位にぴったり一致することである。また前述の春日神社が冬至の日没の方位と一致する。さらに崇神天皇陵が夏至の日没の方位に位置している上、古墳の向きまで一致するのである（小川光三氏、前掲）。

斎槻岳には、かつて延喜式内社中最高位の社格をもつ穴師坐兵主《あなしにいますひようず》神社があった。創建は崇神天皇三十年であり、祭祀は御食津《みけつ》神であり、崇神天皇の食物をつかさどったという。その山が崇神天皇陵の冬至の日の出に位置するということは、農耕のための自然暦であった可能性を示唆しているように思われる。

一方、三輪山山頂の真南二・六キロには延喜式内社でもある古社・玉烈神社が正確に位置するが、興味深いのは、この玉烈神社から見て、秉田神社が夏至の日の出の方位と一致、また春日神社は夏至の日没の方位と一致することである（小川光三氏、前掲）。

つまり、斎槻岳、三輪山山頂、玉烈神社は二・六キロ等間隔南北一直線上に並び、秉田神社、斎槻岳、玉烈神社は正三角形を形成するように配されることになる。さらに斎槻岳、玉烈神社、春日神社も正三角形を形成していることがわかる。

以上をまとめれば、三輪山を中心とした自然暦による巨大な三つの正三角形が形成されていたことがわかる。それらはほとんどが崇神天皇に関係していることから、崇神天皇の創設した三輪王朝の本拠地を形成しているとみられる。

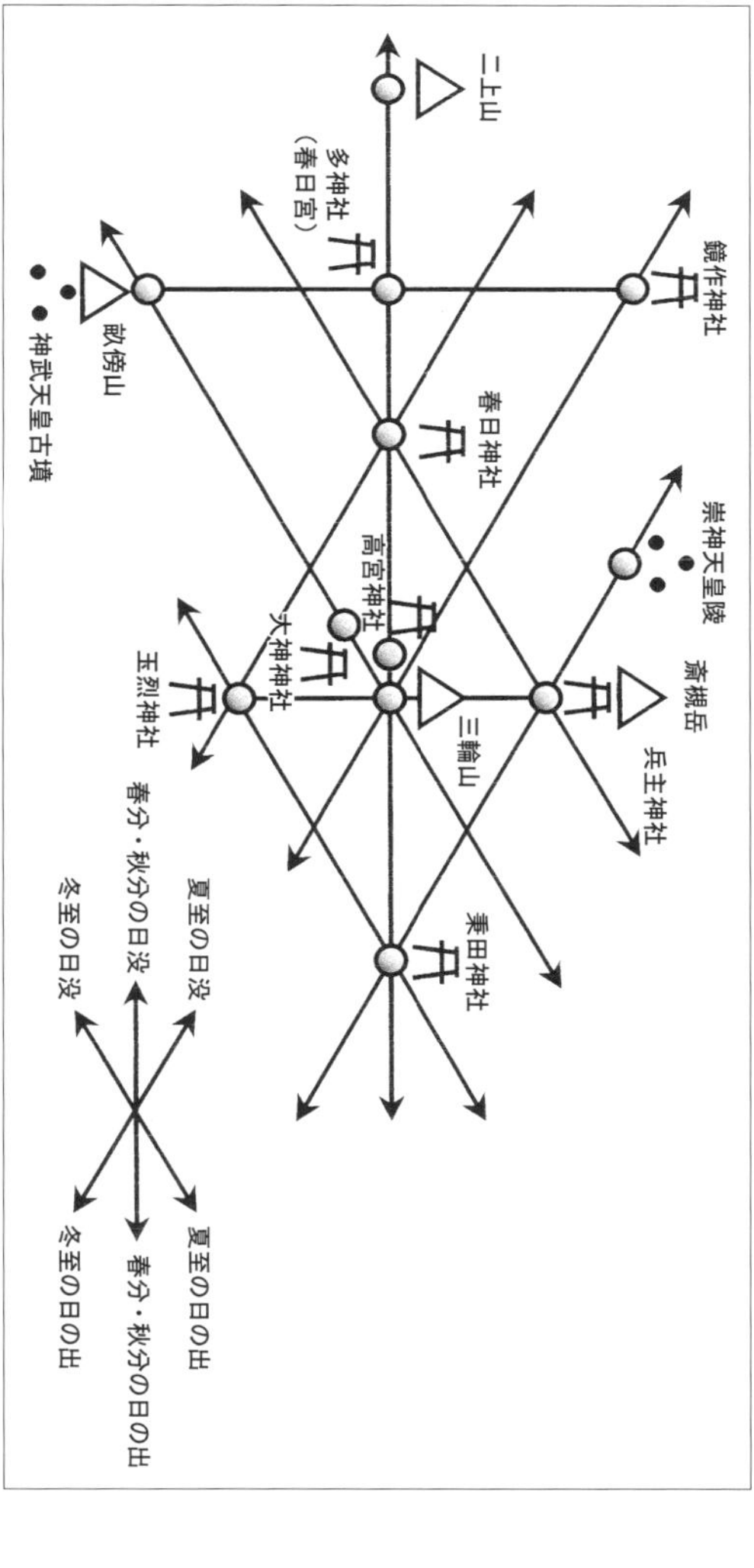

三輪山を中心とした自然暦

自然暦の縮図

一方、三輪山の禁足地の磐座の配置へと目を向けると、三輪山山頂の奥津磐座とその西に位置する中津磐座、さらに西の辺津磐座は、正確に東西一直線上に並び、相互に春分・秋分の日の出没に位置していることがわかる。また、三輪山山頂近くの高宮神社は別称日向神社というが、奥津磐座の真西に位置し、山頂に昇る春・秋分の日の出を拝する地点にある。

さらに大神神社の一の鳥居と三輪山山頂を結ぶ軸線上に狭井《さい》神社が鎮座するが、その軸線をさらに延長すると耳成《みみなし》山を通過し、下ツ道と横大路の交差地点に達する。この狭井神社の鳥居から見て、三輪山山頂に夏至の日の出を望むことができるのである。

このように、三輪山を中心とした巨大な自然暦の縮図とでもいうべきものが、三輪山内にすでに存在していることがわかる。

興味深いのは、その後の平城京、難波京、恭仁京《くにきょう》、長岡京、大津京、紫香楽宮《しがらきのみや》、平安京、保良宮《ほらのみや》などの各都城の配置計画相互に南北軸、東西軸をもとにした関連性があることだろう。例えば藤原京から遷都した平城京は、藤原京の西端を北に延長した下ツ道を縦の中心軸とし、藤原京より前に造られた難波京の横中心軸を平城京でも横中心軸としているのである。

吉備津神社（岡山）

――鬼退治伝説の遺構位置

山陽道屈指の古社

備中国一の宮である吉備津《きびつ》神社は宮島の厳島《いつくしま》神社と並ぶ山陽道屈指の古社である。吉備の中山の中腹にあり、もとは吉備国の総鎮守の氏神であった。

古代における吉備は王権に匹敵する勢力をもち、稲作に至っては、縄文後期にはすでに始められていたとみられる。また朝鮮との密接な関係から様々な技術が伝えられたことがわかっており、当然稲作に必要な自然暦、あるいは大首長を中心とした王国の祭祀の技術も伝来していたとみてよいだろう。では、備中国一の宮である吉備津神社を中心にした自然暦について観察してみよう。

吉備津神社の地は、古代吉備王国の中心地帯であり、神社背後の吉備の中山が「中山」と

吉備津神社本殿

呼ばれたのは、岡山平野のほぼ中心に位置し、かつ周辺にめぼしい山がなかったからだろう。中山から東が備前、西が備中であり、中山山頂を通過する南北線が両国を分け隔てていることがわかる。

つまり、吉備の中心であり、境界であるという聖山であり、この山を崇拝するために造られたのが吉備津神社であるといってよい。

一方、備前国一の宮と呼ばれるのが吉備津彦神社であり、吉備津神社と同様、キビツヒコ命を祀る古社である。

なぜこの地に

注目すべきは、吉備津神社から見て、吉備津彦神社の方位に夏至の日の出を観察できることであり、反対に吉備津彦神社から見れば吉備津神社の方位に冬至の日没が観察できることになる。キビツヒコ命を祀る吉備の二大神社は、偶然それぞれの地に造営されたわけではなく、おそらく当初より二社が自然暦を形成することを意図して遷地されたものだろう。

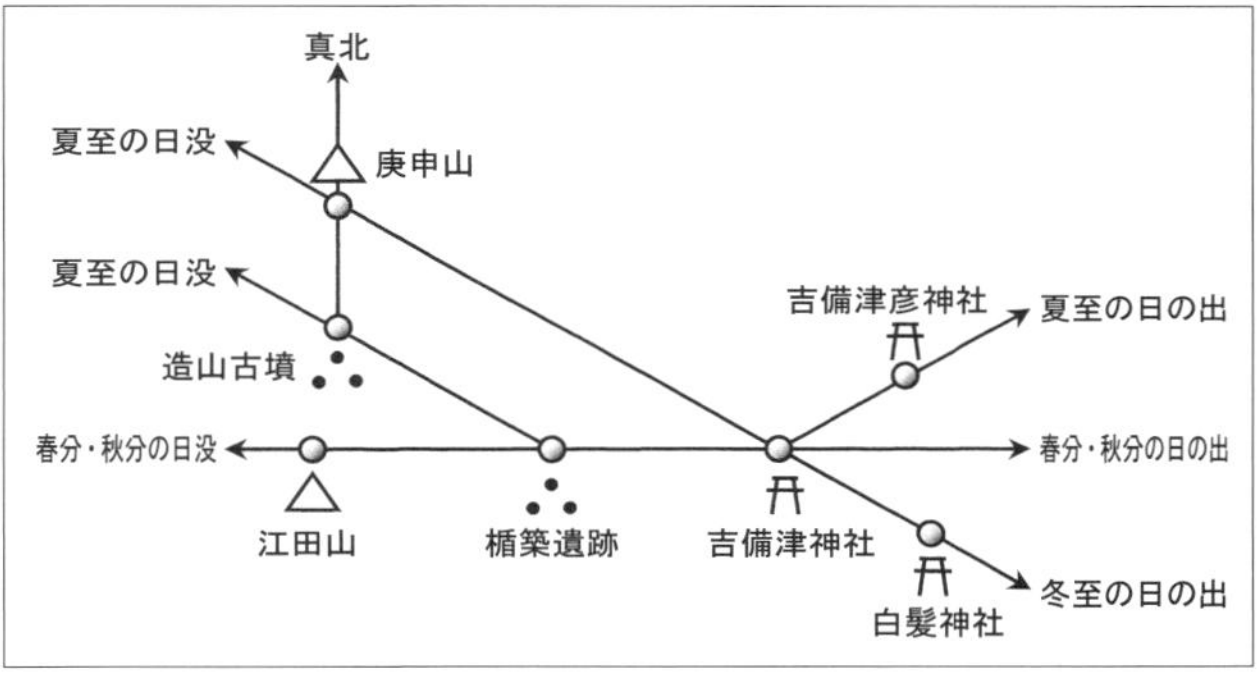

吉備津神社を中心とした自然暦

また、吉備津神社から見て、冬至の日の出の方位に白髪神社がある。白髪神社は、全国に点在するが、いずれも朝鮮からの渡来人を祀っており、白髪は新羅がなまったものといわれる。吉備と朝鮮の関係からみて、この関係も意図的な配置である可能性が高い。

さらに吉備津神社から見て夏至の日没の方位には、庚申山がぴたりと位置している。庚申山は高さ約七〇メートルの笠を伏せたような円錐形の山で、山頂には巨石群があり磐座であるとみられる。また帝釈天を祀った堂があり、巨石に毘沙門天像が彫られている。

「庚申待ち」と呼ばれる日の出を拝む風習が伝わり、庚申山から見て吉備津神社のある吉備の中山が、冬至の日の出の方位にあたることと無関係ではなく、吉備津神社の遷地にこの庚申山が重要な意味をもったものと考えられる。

東西線に古代遺跡が集中する

それでは吉備の中山から見て春分・秋分の日の出没の方位にあたる東西線はどうだろうか。吉備の中山から真西に軸線を延長すると、弥生後期の日本最大の墓である楯築《たてつき》遺跡をぴったり通過する。この楯築遺跡の周辺からは大規模な集落跡が出土しており、三世紀頃には吉備の大首長の本拠地であったとみられている。

さらにこの東西線を延長すると江田山に達することから、楯築遺跡から見て春分・秋分の日の出は吉備の中山、日没は倉敷市の江田山に観察できることになる。江田山には三つの磐座があり、古代の山岳信仰の地であった。

一方、楯築遺跡から見て夏至の日没の方位には、吉備王国の大首長の墓とみられる吉備最大の造山古墳がぴったり位置している。また、造山古墳の真北に、前述の庚申山が位置しており、これらは偶然とは考えにくく、造山古墳の遷地に楯築遺跡、庚申山の位置が関係した可能性が高い。

なお、薬師寺慎一氏（『祭祀から見た古代吉備』吉備人出版、二〇〇三年）によれば、造山古墳の第二号墳と、同古墳の円墳部分の中心を結んで延長すると夏至の日の出の方位と一致するという。また、同様のしくみは、大阪府堺市の大仙古墳にも見出せるといい、偶然ではなく意図的である可能性を示唆している。

中川健三氏（『古代への旅（一九八一〜一九八二）太陽と星の国・吉備』）によれば、この楯築遺跡を通過する東西線（北緯三四度三九分）上には、二十三ヶ所にも及ぶ古代遺跡が並ぶという。また、広島大学教授石田寛氏の研究によれば、古代の条里制が夏至・冬至、春分・秋分の日の出の方位と深い関係があったという。例えば岡山市一の宮の条里は吉備津彦神社の自然暦の一つ、夏至の日の出の方位をもとに決定されたのではないかという。また、東西南北方向に向く他の岡山の条里も春分・秋分の日の出をもとに決定されたという、大変興味深い指摘をしている。

鬼退治伝説は示す

吉備津神社には、鬼退治伝説が伝わっている。内容はおおよそ次の通りだ。

吉備に百済《くだら》の王の子・温羅《うら》が鬼の城を構え、悪事を働いたので、キビツヒコ命が派遣され、まず吉備の中山に陣を敷いた（現在の楯築遺跡だという）。温羅と命が発した矢は空中でいつも噛み合って落ちた（現在の矢喰宮だという）。命は一度に二矢を発すると一矢は噛み合って落ちたが、残りの一矢は温羅の左眼にあたり血が流れた（現在の血吸川だという）。温羅は鯉となって逃げようとしたが、命は鵜となって追い、ついには鯉をつかまえた（現在の鯉喰宮だという）。命は温羅の首をはね、釜殿の竈《かま》の下に埋めたが、首は吠え続け、十三年間竈がうなった（吉備津神社に伝わる御釜殿と釜鳴神事はその名残りだという）。

さて、この伝承に登場する遺構の位置を地図上で確認すると興味深いことに気がつく。まず、矢喰宮には磐座が存在するが、この地点から冬至の日の出の方位に吉備の中山の頂の茶臼山古墳があり、また夏至の日没の方位に経山がぴったり位置しているのである。

また矢喰宮の春分・秋分の日の出の方位である真東には、太閤岩と呼ばれる巨石を頂に配した山があるが、これは豊臣秀吉の高松城水攻めの遺跡といわれる。しかし、最近の調査で古代の磐座であることがわかった。

さらに鯉喰神社から見て春分・秋分の日の出の方位である真東に吉備の中山がぴったり位置している。この鯉喰神社のある丘は、弥生時代の墳丘墓であったことが発掘からわかっている。

一方、矢喰宮と鬼ノ城山、吉備の中山は一直線上に並び、矢喰宮が鬼ノ城山と吉備の中山のほぼ中間点にあたる。また、この直線は東西線に対して完全な四五度の角度をもつことが

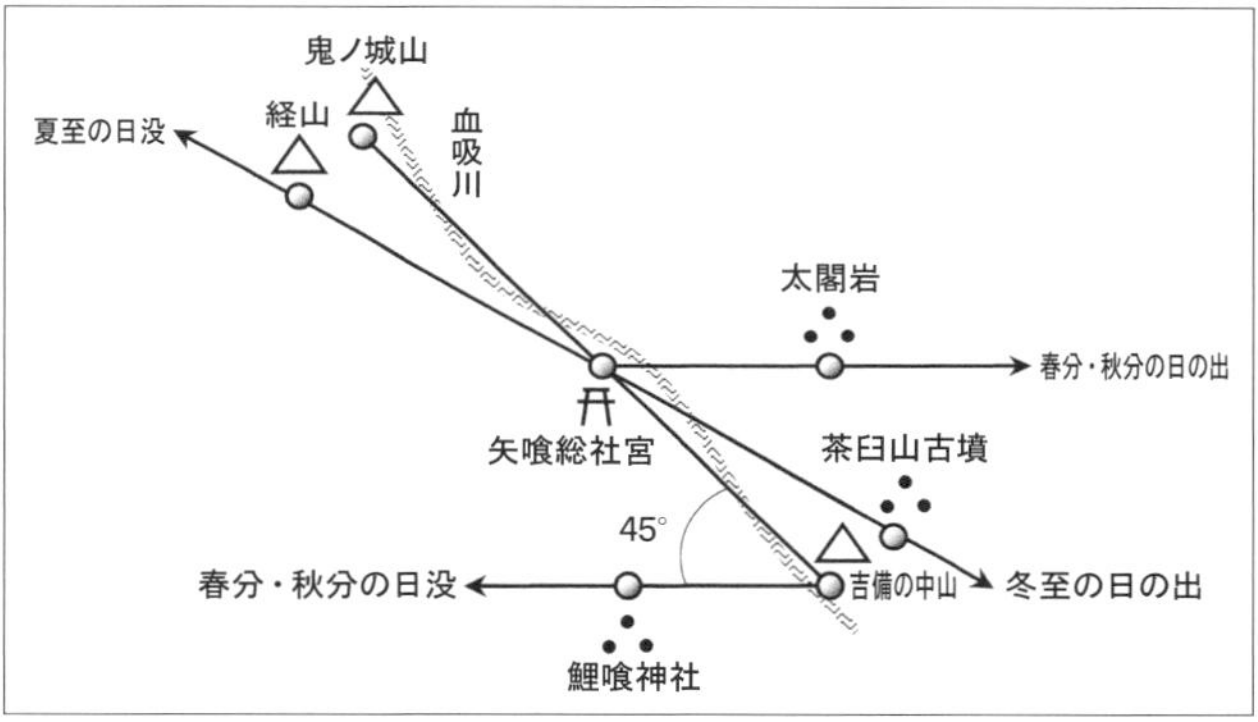

矢喰総社宮を中心とした自然暦

わかる。さらにこの直線に沿うように血吸川が流れていることに気づく。

伝承では鬼ノ城山と吉備の中山の間で矢を放ち、落地した場所が矢喰宮であるわけであり、これらの関係は偶然こうなったわけではなく、意図的にそれぞれの場所が決定されたといってよいだろう。

古代から重視された地

総社市総社にあり、備中国内の神社三二四社を合祀するのが、備中総社宮である。付近には国府跡や備中国分寺跡があり、また作山《つくりやま》古墳やこうもり塚古墳が並ぶ古代から重視された地にある。

この備中総社宮から見て、冬至の日没は伊与部山にぴったり重なる。伊与部山は二つの山頂をもち「二上山」とも呼ばれるが、夕日はちょうどその凹部分に沈むのである。伊与部山は、山頂に弥生・古墳時代の首長墓や磐座が発掘され、古代からの聖山であったことがわかる。また、総社市三輪の百射山《ももいやま》神社から見て、春分・秋分の日没が、この伊与部山に重なる。

百射山神社の背後には宮山があり、宮山古墳が現存し、ここから吉備独特の特殊器台が発掘された。また、地名に三輪がつくが、百射山神社には三輪神社が合祀されている。奈良の三輪山も自然暦として崇拝されてきた神体山である。

一方、備中総社宮から見て冬至の日の出は芥子《けしご》山から昇る。芥子山は「備中富士」と呼ばれる円錐型の山で、山頂には巨大な磐座がある古代からの聖地である。

これらの備中総社宮を中心とした自然暦も偶然とは考えにくく、後述する出雲国府がやはり自然暦をもつのと同様、国府・総社宮を中心に計画されたものとみてよいだろう。

住吉大社（大阪）
――「禊ぎ」の発端

大阪の総鎮守

住吉大社は大阪の総鎮守であり総氏神である。古来、摂津国一の宮とされた。伊勢神宮や鹿島神宮と同じく二十年に一度の遷宮が実施されていたといい、古代においても屈指の社であったことがわかる。『万葉集』や『源氏物語』にも取り上げられ、伊勢詣と並んで住吉詣が盛んであった。

住吉大神の祭祀については、すでに『古事記』や『日本書紀』に住吉三柱として記されている。これらの記述が、社に伝わる天平三年頃の『住吉大社神代記』の書き出しとほとんど同じであることから、記紀の住吉大社の記載のルーツであるといわれている（山根徳太郎氏『難波王朝』学生社、一九六九年）。

『住吉大社神代記』によれば、祭神は表筒男《うわつつのお》、中筒男《なかつつの》、底筒男《そこつつの》の三軍神と息長足姫尊《おきながたらしひめのみこと》であるというが、息長足姫尊は福岡県田川郡の辛国息長大姫大目命《からくにおきながおおひめおおまのみこと》神社に祀られていた新羅出身の姫であり、かつ近江王朝を支えた息長氏の血を引く人物である。実は、この息長足姫尊は、神功《じんぐう》皇后であるといわれ、朝鮮側の史料『三国史記』や四一四年の高句麗好太王の碑文によれば、倭、すなわち日本の軍隊を組織して朝鮮半島で戦ったことがわかる。

奈良の石上《いそのかみ》神宮に「七枝刀《ななさやのたち》」と呼ばれる刀が納められており、国宝に指定されているが、泰和四（三六九）年に百済王とその世子が御恩のある倭王のために、百練の鉄をもって、いまだかつて見たことのない珍しい剣を作ったというような銘文が施されている。注目すべきは『日本書紀』の神功皇后紀に、百済の使が来朝して神功皇后に七枝刀その他を献上したという記事があることだろう。つまり神功皇后が朝鮮半島で戦ったことをさらに七枝刀が裏付けていることになり、現在、住吉大社に三軍神と共に軍神として祀られている。

『住吉大社神代記』によれば、神功皇后が新羅を征服した年、応神天皇を生んだという。つまり、神功皇后は、難波にはじめて皇居大隅宮《おおすみのみや》を置いた応神天皇の母であることがわかる。

住吉を今日「すみよし」と読むが、住吉大社周辺の地名にも残る通り、古くは「すみのえ」と読んだ。しかも『万葉集』では「墨江」「清江」「住江」「須美之江」などとさまざまな漢字をあてていることから、最初はその音だけが重視されたことがうかがえる。

禊ぎが重視される理由

ここで注目したいのは、応神天皇が設けた難波初の皇居を「大隅宮」と呼んだことである。オオスミの宮と、応神天皇の母を祀ったスミヨシ大社の名称はどちらもスミが付くが、果してこれは偶然だろうか。

住吉大社が禊《みそ》ぎを重視することは有名である。『古事記』『日本書紀』にも住吉大社と禊ぎを結びつける記述が数多い。祭司神功皇后も『日本書紀』によれば、頭を海水ですすいで禊ぎを行なったことが記され、それが住吉大社の禊ぎの発端ではないかとみられる。

現在の住吉大社は、地形的にかつては浜辺に位置していたことがわかる。つまり、淀川、大和川の水の合流点が難波江にそそぐ河口にあったことになり、いいかえれば、難波平野の西の「隅」にあったことになる。つまり、「すみのえ」は「隅江」の意であったとみられる。そして、神功皇后が海水で禊ぎを行なった場所こそ、この隅江であったのではないだろうか。

山根徳太郎氏（前掲）によれば、かつての住吉大社は、難波津の中心、現在大川にかかる天神橋の南東たもとのあたりであったという。すなわち『住吉大社神代記』に「元、大神ましまして」として「猪加志利乃神《いかすりのかみ》」を挙げていることから坐摩《いかすり》神社がかつてあった現在の坐摩神社お旅所のあたりに推定できるというのである。現在坐摩神社は大阪市中央区久太郎町にあるが、これは豊臣秀吉が大坂城を築城した際、城下町に寺社地を設け、強制移転させたためである。坐摩神社は、延喜式によれば、当時西成郡唯一の大社であったことがわかる。

山根氏（前掲）によれば、この元住吉大社があった場所に、応神天皇の大隅宮もあったという。つまり、大隅宮はもと隅江（住吉）大社であり、もと坐摩神社の地であったことになるのだ。まさに大隅宮の隅は隅江大社の隅に通じていたのである。なお、この地には「神功皇后の鎮座石」と伝えられる磐座があり、重要な地として今に伝えられてきたわけである。

天皇の陵墓が東西に並ぶ

それでは住吉大社はどのような自然暦を形成しているのだろうか。

難波宮から見て冬至の日の出の方位に位置する高座神社の春分・秋分の日没の方位に住吉大社が位置する。この春分・秋分線をさらに西に延長すると、明石海峡に達することがわかる。すなわち住吉大社から見て春分・秋分の日没を明石海峡に望むことがわかる。

また、住吉大社から見て春分・秋分の日の出の方位には、高座神社だけではなく、さらに延長すると坐摩神社が鎮座する高安山山頂がぴったり位置することがわかる。また、この東西線をさらに東へ延長すると聖徳太子の創建したあの法隆寺へ達するのだ。

一方、住吉大社の夏至の日没の方位を調べると、神戸元住吉神社が鎮座していることがわかる。また冬至の日没の方位には、淡路住吉神社がぴったり位置しており、偶然とは考えにくい。さらに住吉大社の夏至の日の出の方位には、石切《いしきり》神社が鎮座し、冬至の日の出の方位には二上山、さらに当麻寺が位置することがわかる。なお、当麻寺の春分・秋分の日の出の方位に耳成山が位置する。

この他、住吉大社の真南には、日本最大の古墳として有名な仁徳天皇陵があり、さらに延長すると、にさんこい古墳へと達する。ちなみに仁徳天皇陵から見て春分・秋分の日の出の方位である真東へ向かうと応神天皇陵を通過し、さらには龍王山へ達する。難波に連続して皇居を置いた天皇の陵墓が東西に並んでいるのであり、これも偶然とは考えにくい。なお、応神天皇陵から見て、夏至の日の出の方位に春日大社の神体山、春日山が位置する。

一方、にさんこい古墳から見て冬至の日の出の方位、また耳成山から見て冬至の日没の方位、これら二つの軸線の交点には葛城山が位置することがわかる。

このように、難波の自然暦は、遠く三輪の自然暦とくしくも連結されていたことが明らかとなるのである。

日の出ライン上に並ぶ

前述の通り、住吉大社から見て春分・秋分の日の出の方位に、坐摩神社が鎮座する高安山が位置している。この高安山を、既に触れた元坐摩神社の地であり、もと住吉大社の地でもあった大隅宮推定地から見ると、驚くべきことに冬至の日の出の方位とぴったり一致することがわかる。

しかも、元坐摩神社の地と坐摩神社の鎮座する高安山の軸線上に、元坐摩神社の地から移転後の坐摩神社が位置するのである。この坐摩神社の鳥居は、大神神社の鳥居と同様三ツ鳥居となっており、まさに自然暦を意識したものだろう。

つまり、元坐摩神社、移転後の坐摩神社、高安山の坐摩神社が冬至の日の出ライン上へきれいに並んでいることになる。やはりこれは偶然とは考えられない。

一方、高安山から見て冬至の日没の方位には等乃伎《とのぎ》神社が鎮座している。『古事記』の仁徳天皇記によれば、トノキ河の西に巨木があり、夕日に当たると高安山を越えるという記述がある。このトノキこそが等乃伎神社であり、夕日、高安山の名称から、この一文は自然暦

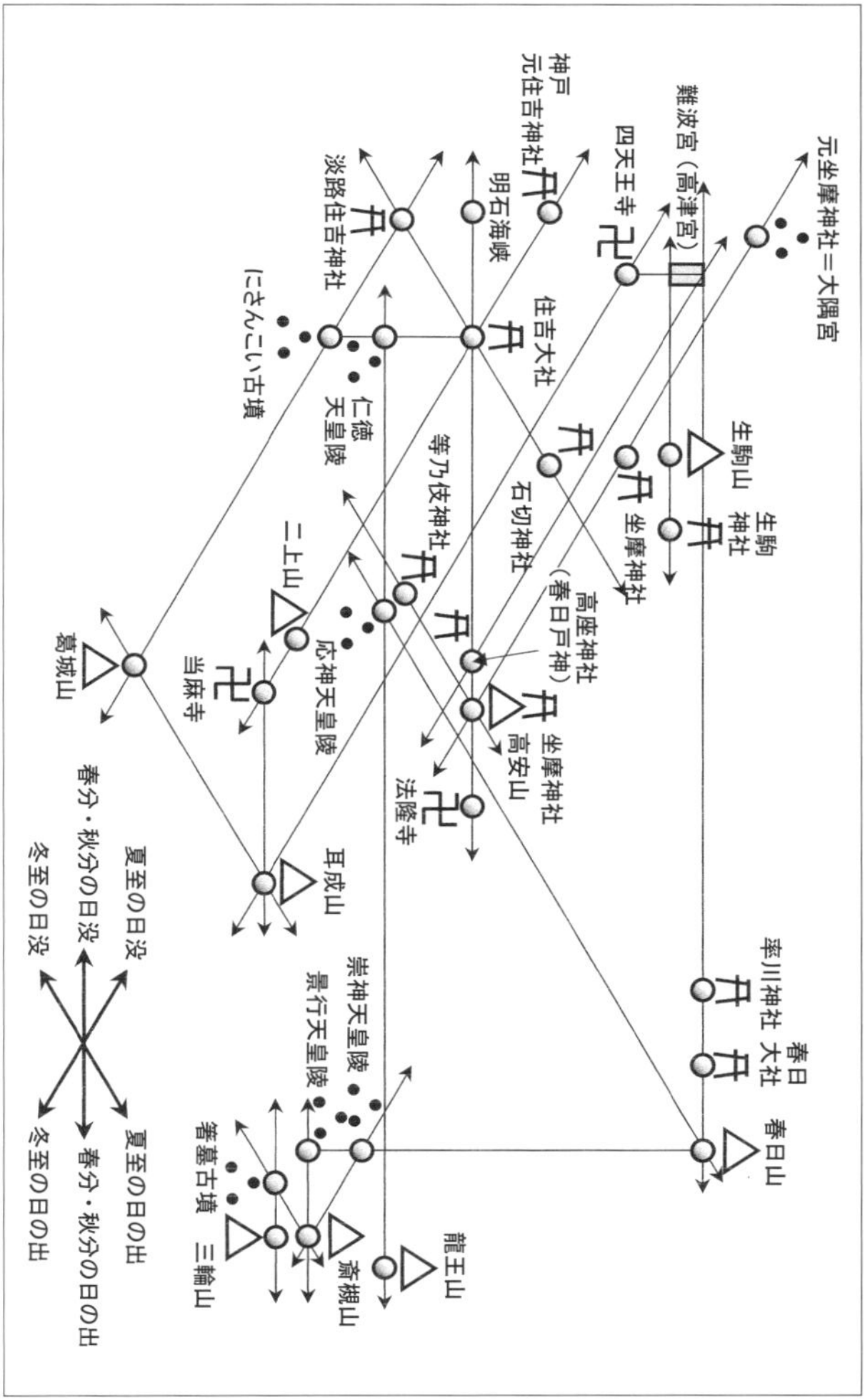
元坐摩神社＝大隅宮
難波宮（高津宮）
四天王寺
神戸
元住吉神社
明石海峡
淡路住吉神社
にさんざい古墳
仁徳天皇陵
住吉大社
生駒山
生駒神社
坐摩神社
石切神社
等乃伎神社
高座神社（春日戸神）
二上山
応神天皇陵
当麻寺
葛城山
坐摩神社
高安山
法隆寺
耳成山
率川神社
春日大社
春日山
崇神天皇陵
景行天皇陵
箸墓古墳
三輪山
斎槻山
龍王山
夏至の日没
春分・秋分の日没
冬至の日没
夏至の日の出
春分・秋分の日の出
冬至の日の出

住吉大社を中心とした自然暦

の形成をほのめかしているかのようである。

「とのぎ」という言葉は、古代新羅語の「日の出」の意であり、等乃伎神社から見ると高安山から夏至の日の出が現われることと合致することがわかる。等乃伎神社の例祭に夏至祭と冬至祭があることも、意図的な自然暦であることを示しているといえよう。

熊野本宮大社（和歌山）
——神仏習合の聖地

出雲をルーツとする

和歌山県田辺市にある熊野本宮大社は、古くは「熊野坐《にいます》神社」と呼ばれる熊野三山の中心で、全国に三〇〇〇以上ある熊野神社の総本宮である。

熊野本宮大社の他、熊野速玉大社と熊野那智大社を合わせて熊野三山と呼び、興味深いのはそれらが例によって自然暦を形成することであろう。この自然暦がどこからきたのかといえば、おそらく出雲の自然暦にならったものとみられる。なぜなら、熊野三山は出雲の熊野大社を勧請《かんじょう》したもので、つまり熊野信仰は出雲にルーツがあるからに他ならない。

出雲の熊野大社は、もと意宇川上流の熊野山（現天狗山）を発祥地とし、中世より里の「下の宮」に下り、近世まで「上の宮・下の宮」の二社祭祀のかたちをとり、上の宮は熊野三社、下の宮は伊勢宮と呼ばれていた。明治になって下の宮に統合され、現在の熊野大社となったという。つまり、和歌山の熊野三社は、今は失われた出雲の熊野三社の古式を今に伝えているといってよいだろう。

出雲の熊野大社は、かつて出雲大社よりも格が上の一宮、国幣《こくへい》大社であった。「熊野」という地名は「隈《くま》の処」という語源から発しているといわれ、文字通り出雲の地をあらわしていることになる。また「クマ」は「カミ」と同じ語で、「神の野」に通じる地名であったことがわかる。

熊野那智大社社伝には、神武天皇が那智の大瀧に神を祀ったのがその発端であるように記されているが、「那智大瀧」は神武天皇以前より、すでに「大己貴命」すなわち出雲大社の主祭神・大国主命を祀っていたといわれ、出雲から紀州和歌山の地へ勧請されたのは神代の時代であったと推測できる。

皇族の崇拝を集める

「那智大瀧」にあった社を、三一七年に移したのが現在の社殿の地といわれる。この時、親神である「夫須美大神《ふすみのおおかみ》」(伊弉冉尊《いざなみのみこと》)を中心に十二柱の神々を祀ったという。

やがて仏教が伝来し、行者・役小角《えんのおづぬ》を始祖とする修験道の道場となり、古来の神々と仏とを併せて祀る「神仏習合」の聖地として発展した。そのため「蟻の熊野詣」といわれるほどに、全国から熊野へ詣でる人々が増え、中でも宇多《うだ》天皇が九〇七年に参詣して以後、白河上皇九回、鳥羽上皇二十一回、後白河法皇は三十四回、後鳥羽上皇は二十九回も詣でたという。花山《かざん》法皇に至っては千日（約三年間）の瀧籠りをしたことが記録されており、皇族の崇拝を集めていたことが知れる。

熊野三山それぞれの十二の社殿に祀られた十二柱は、熊野十二所権現と呼ばれ、すべて本体は仏や菩薩であると考えられた。

本宮の主祭神・家都美御子神《けつみみこのかみ》は阿弥陀如来、那智の牟須美神《むすびのかみ》は千手観音、新宮の速玉神《はやたまのかみ》は薬師如来を本地とするとされ、本宮は西方極楽浄土、那智は南方補陀落《ふだらく》浄土、新宮は東方浄瑠璃浄土の地であると考えられ、熊野全体が浄土であると神仏習合によってみなされた。

よって本宮は、阿弥陀のすむ極楽浄土とみなされ、そこへ参詣すれば浄土往生が確実であるといわれ、平安期の末法思想の時代には、聖地として最盛期を迎えた。

また、鎌倉期以降は一遍上人が開いた時宗の念仏聖《ひじり》たちが熊野信仰を各地に広め、室町期には、それまで皇族などの上流階級のものであった熊野信仰を庶民にまで普及させた。

本宮大社はかつて、約一万一千坪の境内に五棟十二社の社殿を取り囲むように、数多くの摂社と末社、楼門、神楽殿、能舞台、文庫、宝蔵、社務所、神馬舎が所狭しと建ち並び、現在の八倍もの規模をもっていたという。

三つの聖地の間には

今日、熊野三山の配置を地図上で確かめると、三つの聖地の間には、山や谷、川や道が複雑なひだをつくって横たわり、一見何ら関係性ももたないかに見える。しかし現地に行って、それぞれのロケーションを観察すると、山あいをぬってお互いの鎮座地への視界が開けていることがわかる。

試しに地図上で調べてみると、一見無関係に見える三つの大社に、自然暦によるネットワークを発見することができる。まず、熊野那智大社に隣接し、飛瀧神社の御神体ともなっている落差一三三メートルの日本最大の滝である那智の滝から見て、夏至の日の出の方位に、熊野速玉大社がぴったり位置することがわかる。いいかえれば、熊野速玉大社から見て、熊野那智大社に接する那智の滝の方位に冬至の日没が観測できることになる。

また、那智の滝の真北には、標高九〇九メートルの那智山山頂がぴったり位置する。この

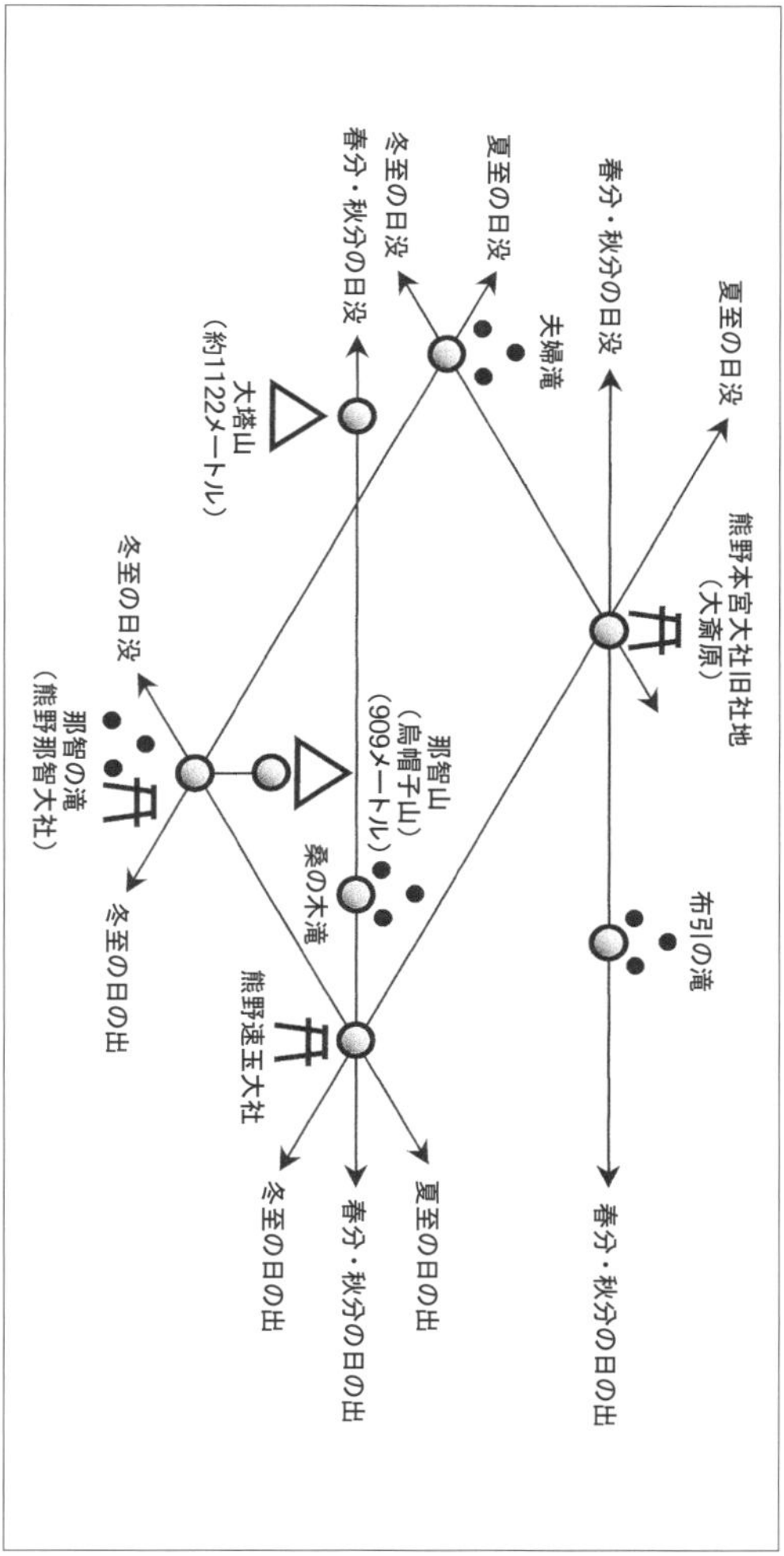
夏至の日没
春分・秋分の日没
熊野本宮大社旧社地
（大斎原）
布引の滝
春分・秋分の日の出
夏至の日没
冬至の日没
春分・秋分の日没
夫婦滝
大塔山
（約1122メートル）
那智山
（烏帽子山）
（909メートル）
桑の木滝
熊野速玉大社
夏至の日の出
春分・秋分の日の出
冬至の日の出
冬至の日没
那智の滝
（熊野那智大社）
冬至の日の出

熊野大社を中心とした自然暦

山は別名烏帽子山と呼ばれ、山頂近くに烏帽子岩と呼ばれる磐座がある。古代から斧の使用が禁じられた切らずの森・那智原始林がある神奈備山として知られる。花山法皇がこの山に庵を結び、千日も籠ったといわれ、後に歌人・西行がこの庵跡を訪れたという。

次に、熊野速玉大社から見て夏至の日没の方位に、熊野本宮大社の旧社地である大斎原《おおゆのはら》がぴったり重なる。これもいいかえれば、熊野本宮大社旧社地から見て、熊野速玉大社の方位に冬至の日の出を観測できることになる。

また、熊野速玉大社から見て、春分・秋分の日没の方位である真西には、日本の滝百選の一つ「桑の木滝」がぴったり位置し、さらに西に熊野連山の主峰である標高一一二一・八メートルの大塔山山頂がぴったり位置する。『紀伊続風土記』には「熊野の鎮山とでもいうべし」と記され、熊野全体の鎮守であったことがわかる。

さらに熊野本宮大社旧社地から見て、春分・秋分の日の出の方位である真東には、日本の滝百選の一つ「布引の滝」がぴったり位置する。三段で四〇メートルの落差をもち、滝の山上には不動明王が祀られており、かつては修験道の地であったという。

また、熊野本宮大社旧社地から見て冬至の日没の方位には、「夫婦滝《めおと》」がぴったり位置する。興味深いのは、前述の那智の滝から見て夏至の日没の方位に、この夫婦滝が正確に位置することだろう。これらの関係は、やはり偶然とは考えにくく、複雑な山岳地帯にそれぞれ計画的に配された可能性は高いと思われる。

熱田神宮（愛知）
——草薙剣にまつわる神々

伊勢に次ぐ神宮

第十二代景行天皇の時代、日本武尊《やまとたけるのみこと》が東国平定の帰路に尾張へ滞在した際、尾張国造《おわりのくにのみやつこ》乎止与命《おとよのみこと》の娘宮簀媛命《みやずひめのみこと》と結婚、「草薙剣《くさなぎのつるぎ》」を妃の手許へ留め置いた。日本武尊が能褒野《のぼの》で亡くなると、宮簀媛命は熱田に社を定め、草薙剣を納めた。これが熱田神宮の起こりである。

王権の印である三種の神器の一つを蔵することから、天皇の祖先・天照大神を祀る伊勢神宮に次ぐ権威のある神宮として大いに栄えた。元来、この地を領した尾張氏が大宮司を務めていたが、中世に藤原南家の藤原季範《すえのり》が継いだ。

従来は尾張造という地方独自の様式で社殿が造られていたが、明治期に入ると伊勢神宮と同様の神明造で再建された。しかし第二次世界大戦で全焼したため、現在の建物は昭和期に伊勢神宮の式年遷宮の廃材を再利用して再建されたものである。主祭神・熱田大神は草薙剣自体を指すが、一説には草薙剣に宿った天照大神だともいわれる。

相殿には天照大神、素戔嗚尊《すさのおのみこと》、日本武尊、宮簀媛命、建稲種命《たけいなだねのみこと》が祀られる。素戔嗚尊はヤマタノオロチ退治の際、ヤマタノオロチの尾から草薙剣を発見し、天照大神に献上した神である。

熱田神宮

また天照大神は、その草薙剣を天孫降臨の際、邇邇芸命《ににぎのみこと》に授けた。さらに日本武尊が草薙剣をもって蝦夷征伐を行ない、宮簀媛命のもとに預けた。そして建稲種命は宮簀媛命の兄にあたり、日本武尊と共に蝦夷征伐に協力した神であり、祭神はすべて草薙剣にまつわる神々であることがわかる。

素戔嗚尊がヤマタノオロチを退治して、草薙剣を得たのは、出雲の国である。おそらく、この神話も出雲平定を寓話化したものだろう。

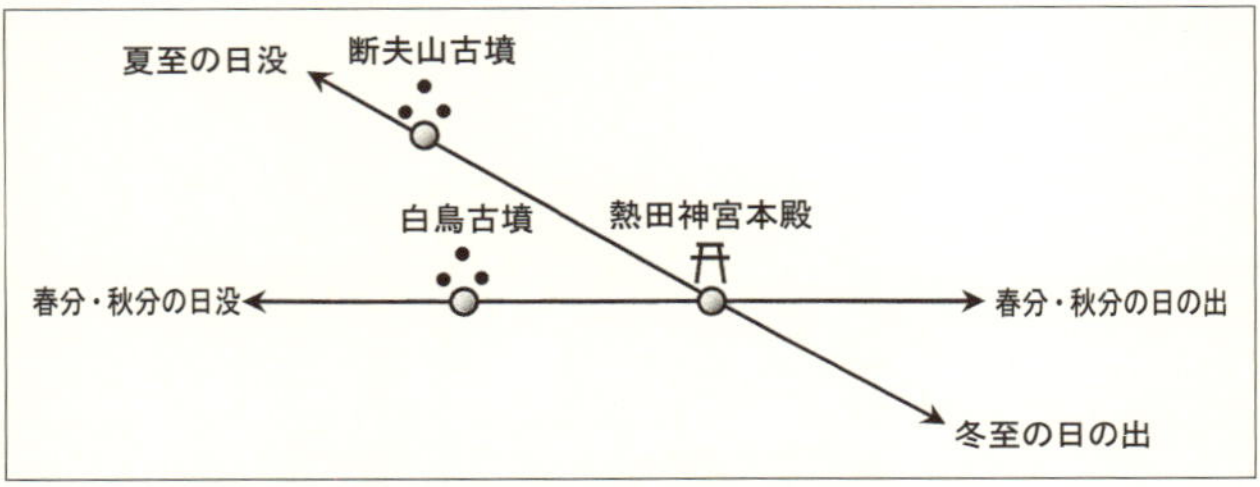

熱田神宮を中心とした自然暦

古代祭祀との結びつき

『美濃国稲葉社縁起』や『熱田百録』、『平家物語』によれば、日本武尊が近江国で亡くなった際、白鳥に姿をかえて東方へ飛び、尾張熱田に降りたとされ、それらをもとに『熱田地陵墓考』をあらわし、熱田神宮の西門から西北一キロの地にある白鳥御陵を日本武尊の霊のとどまる宮簀媛命の墓であるとする。

しかし、この説は学界では認められておらず、この地の豪族の墓ではないかとみられている。神宮の北六〇〇メートルには断夫《だんぷ》山《さん》古墳（古墳時代）、神宮の北一五〇〇メートルには高座結御子《たかくらむすびみこ》神社境内の高蔵貝塚などがあり、神宮周辺がかつて文化の中心地であったことを示している。

興味深いのは、熱田神宮と白鳥古墳、断夫山古墳が自然暦を形成することであり、ここにも神社と古代祭祀の結びつきがうかがえる。

草薙剣の数奇な運命

日本武尊はその本名を「小碓《おうす》」といい、父・景行天皇より九州の原住民・熊襲《くまそ》の平定に遣《つか》わされ、熊襲武尊を討った際、「日本武尊」の名を授けられたといわれる。

熊襲を平定した日本武尊は、次に東北地方の原住民である蝦夷《えみし》の平定に遣わされ、途中伊勢で斎王・倭姫命《やまとひめのみこと》から授かったのが草薙剣であり、駿河の賊を倒す際、火攻めにあわないよう、周囲の草を薙ぎ払ったことからその名があるという。

草薙剣をもとに熱田神宮が創建された後、『日本書紀』によれば六六八年には早くも剣が盗難にあっている。盗んだのは新羅の僧・道行で、新羅へ船で逃げる際、暴風雨にあって難波に漂着し、剣を取り戻したものの、以後皇居に置かれることになった。しかし六八六年には、天武天皇が病気になり、占ってみたところ、草薙剣の祟りと出たため、熱田神宮へ戻されたという。一八三九年にも草薙剣は僧に盗まれ、この時は翌年本殿に戻ったというが、どういう経緯だったのかは不明である。

明治時代に入ると、三種の神器の一つ、草薙剣をもつことから、熱田神宮を伊勢神宮と同格にしようという明治天皇の勅令案が議会へ出される。これが一八九〇年の「尾張《おわり》神宮」法案であり、尾張神宮（熱田神宮）にも伊勢神宮と同様、「祭王」を置き、「伊勢神宮祭王」がこれを兼任するというものであった。

しかし、この勅令案は否決されてしまう。勅令とは、いわば天皇の命令であり、議会の承認なしに決定されるのが当時の常であった。にもかかわらず否決された理由は今日でも謎とされる。もっとも、本宮社殿の様式は古来、「尾張造」と呼ばれる特殊な様式であったが、この年から伊勢神宮と同じ神明造に改められている。

『独白録』によれば、敗戦直後について、昭和天皇は「伊勢、熱田神宮は直ちに敵の制圧下に入り、神器の移動の余裕はなく、その確保の見込みが立たない、これでは国体護持は難しい、故にこの際、私の一身は犠牲にしても講和をせねばならぬと思った」と記している。

皇室から見れば、草薙剣をもつ熱田神宮は、まさに伊勢神宮と同格の存在であったといえよう。

第三章　大和朝廷と東西線

鹿島神宮（茨城）
——「日立ち」と大和朝廷成立

日本初の英雄を祀る

鹿島神宮は、茨城県の常陸《ひたち》にある日本最古の神社の一つである。

「常陸」とは「常世《とこよ》の国」の意味で、不老不死の聖地を指し、伝承では天に最も近い場所であると考えられてきたものという。それをヒタチと呼ばせるのは、「日立ち」つまり太陽の昇る東のはずれをあらわしている。地図上でみると、確かに太平洋側の本州のはずれに位置しているのがわかる。

後述する通り、鹿島神宮は朝廷が自然暦を設けた最初の事例の一つであり、大和朝廷成立の謎に深く関係していると思われる。

では、鹿島神宮周辺の配置関係を観察する前に、まず日本最古の正史『古事記』『日本書紀』に述べられた鹿島の神話からひもといてみよう。

まず『古事記』によれば、建御雷神《たけみかずちのかみ》が天鳥船神《あめのとりふねのかみ》と共に地上へ降り立ち、地上の神である建御名方神《たけみなかたのかみ》と相撲《すもう》をとったという。これはむろん寓話であり、実際は日本の支配者を決する戦争を示しているとみられる。結局、建御雷が勝ち、建御名方は諏訪《すわ》へ逃げて国を譲ったというのだ。そして勝者建御雷は鹿島神宮に祀られ、敗者建御名方は諏訪神社に祀られたわけである。

一方『日本書紀』にも同様の話があるが、異なるのは建御雷と天鳥船が武甕槌《たけみかづち》と経津主《ふつぬし》と記述されている上、相撲をとらずに国を譲る点である。どちらにしても寓話として同じ事件を記録したもののように思われる。勝者建御雷を助けた経津主（天鳥船）を祀る神社も存在し、鹿島神宮と一対の社として知られる香取神宮がそれである。これらの神話の後、大和朝廷が成立するのであり、日本初の国家統一にかかわった英雄を祀ったのが、鹿島神宮と香取神宮なのである。

伊勢神宮をはじめ、日本の神社の本殿は南面するのが常識である。しかし、鹿島神宮の本殿はなぜか北向きである。また中の御神体も通常南向きにもかかわらず、鹿島神宮の御神体は東を向いている。これらの特異性は、果して何をあらわしているのだろうか。

勝者と敗者と東西線

鹿島神宮本殿の配置と反対のしくみをもつ例として、出雲大社がある。出雲大社は、後に詳しく述べるように、高天原《たかまがはら》から来た使者に出雲王国の支配者である大国主命《おおくにぬしのみこと》が国を譲るかわりに高天原にある天日隅宮《あめのひすみのみや》と同じ社殿を造ってもらったものという。鹿島神宮は、本殿が北向き、中の御神体は日の出の方位である東向きとなっているのに対し、出雲大社は南向き、御神体は日没方位の西向きと、鹿島神宮とすべて正反対の配置をもっている。

ここで注目したいのは、高天原から派遣されて大国主命に国譲りを迫った使者である。この人物こそが、武甕槌神だったのである。

すなわち、武甕槌神は、出雲大社の創設者であり、かつ鹿島神宮の主祭神でもある。二つの神社が同様の形式をもつに至ったのは、おそらく武甕槌神の住居形式が両者に影響したからではないだろうか。というのも、草創期の神社は、住居や倉庫に原形が求められるからであり、この場合も両者の接点である武甕槌神にその形式が求められるべきだからである。

武甕槌神に敗れた建御名方神は諏訪に逃れ、諏訪神社に祀られた。この諏訪神社の位置を地図上で調べると、なんと鹿島神宮の真西にあたることがわかる。いいかえれば、勝者を祀る鹿島神宮と敗者を祀る諏訪神社が、正確に東西線で結ばれていることになる。

鹿島神宮のある常陸は「常世」であり「日立ち」であり、太陽の昇る再生の地をあらわしている。それに対し諏訪は太陽の沈む黄泉《よみ》の地なのである。

この関係は、大和朝廷の神天照大神《あまてらすおおみかみ》を祀る伊勢神宮が、本州の東にあり、国を譲った大国主命を祀る出雲大社が本州の西にあるのと同様の関係である。

明石の浜に立つ鳥居

鹿島神宮は、ただ単に諏訪神社と東西線で結ばれているだけではない。鹿島神宮の東北には海に面して明石の浜があり、鳥居が海面に対峙している。

この浜は武甕槌神がこの地の開発にはじめて着手した場所といわれ、注目すべきは、鹿島神宮から見て、ちょうど夏至の日の出の方位にあたることである。夏至の朝、この鳥居の向こうの水平線に、一年で最も勢いのある太陽が昇るわけである。この地は、常陸開発の発祥地であり、まさに太陽が再生するにふさわしい場であるといえよう。

それでは冬至の日没はどうか。江戸時代までは、鹿島の周辺からも富士山が見えたといわれるが、なんと冬至の日の入は、神宮から見て、ちょうど富士山の方位にあたるのである。

後述するが、富士山は「不死山」と呼ばれた。富士を見ることは「不死身」に通ずるのである。山田安彦氏（『古代の方位信仰と地域計画』古今書院、一九八六年）によれば、冬至の日没方向は祖霊、地霊の坐《いま》す方向であるという。すなわち先祖霊がこの方向に祀られ、再びよみがえる「不死」の方位なのである。

神話の地と同名

鹿島神宮の自然暦のしくみはそれだけではない。神宮から見て、ちょうど夏至の日没の方向に筑波山が位置しているのだ。筑波山と富士山は、神話の中で関係が深く、例えば『常陸国風土記』などでも常陸の神の旅先の宿の話として二山を対比的にとり上げている。

なお、鹿島神宮の冬至の日の出の方位には、現在巨大な工業地帯がひろがるだけだが、この場所は武甕槌神が帰国上陸した地点といわれ、太陽の勢力が復活する冬至にふさわしい場所である。興味深いのは、この工業地帯の地名が「光」と呼ばれることであろう。また工業地帯に接して「粟生《あおう》」の地名があるが、これは後述する通り「大生」「意富」「多」などとも

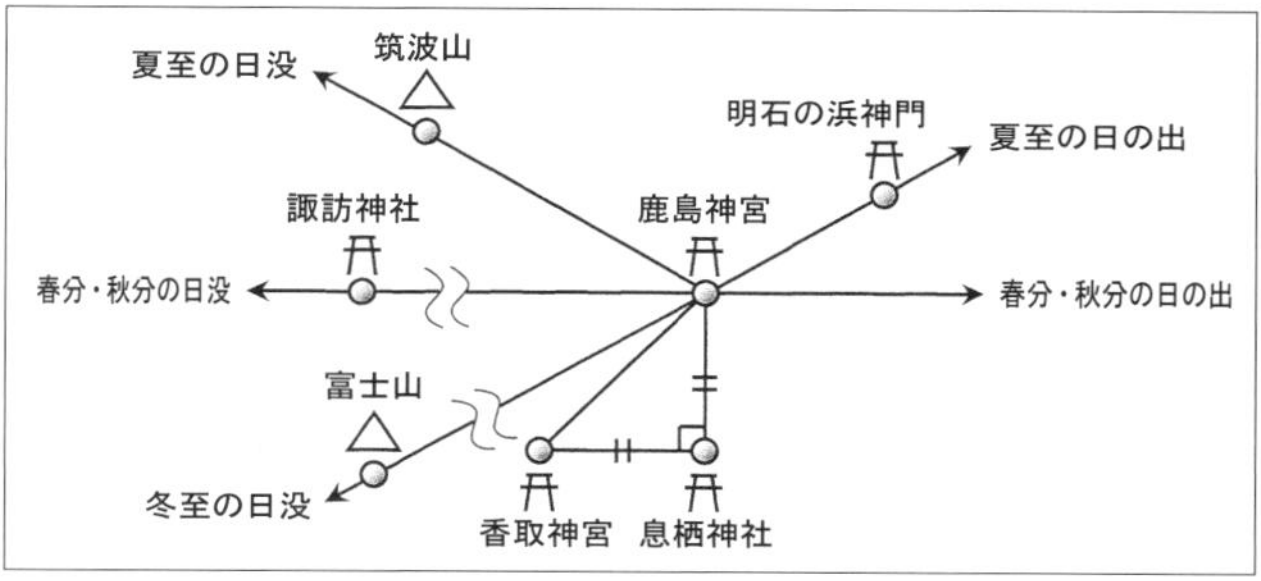

鹿島神宮を中心とした自然暦

書かれる鹿島神宮の祭主の名をとどめるものである。

前述の「光」あるいは「粟生」などといった自然暦や常陸の歴史に関係の深い地名が鹿島神宮周辺には数多くみられる。中でも注目したいのは、「高天原」という地名である。

高天原はいうまでもなく『古事記』や『日本書紀』の中の神話で天照大神が支配する聖地のことである。鹿島神宮一帯はかつて高天原と呼ばれ、現在もその地名が残っている。

鹿島神宮の東北約三キロの位置に、神宮の飛び地の境内として神話の地と同名の場所がある。一面松林の生い繁る土地で、さらに東へ三〇〇メートル歩くと鹿島灘の海岸である。この高天原の東隅には、「鬼塚」と呼ばれる長さ約八〇メートルの大古墳があり、筑波山を見通すことができる。

前述の通り、鹿島神宮の祭神・武甕槌神は、高天原から出雲に派遣され、大国主命に国譲りを迫ったのである。果してこの鹿島の高天原が、あの神話の高天原の地なのだろうか。

定説では実在しない神道上の聖地といわれる。注目すべきは、この鹿島神宮の高天原の夏至の日没方向に位置し、かつ高天原の鬼塚から見通すことができる筑波山にも同名の地が存在することである。つまり、二つの高天原が夏至の日没の軸線で結ばれていることになる。

とはいえ、日本全国に高天原という地名は数多く存在する。それらに共通するのが、神話的伝承をもつことであり、鹿島神宮や筑波山の高天原も現時点では特別なものではない。しかし、後述する「要石《かなめいし》」との関連において、いちがいに神話の地と関係ないとは言い切れないのである。

天に最も近い場所

古代中国では、北極星を「太一《たいいつ》」と呼び、天空の中心に動かず位置する宇宙の主宰神であると考えられた。日本の神話で、この太一にあたるのが「天御中主神《あめのみなかぬしのかみ》」であり、『古事記』によれば「高天原に成りませる神」といい、また『日本書紀』によれば「高天原に所生《あ》れます神」であるという。つまり、天の中心に座す天御中主神は、前に触れた、高天原に生まれ住んだことになり、高天原は天の中心ということになる。

鹿島神宮の境内にある高天原は、中央に「宮中」の地名が古くから伝わる。また、その森林の中央に「要石《かなめ》」と呼ばれるものが存在する。

　表面に露出している部分は直径約三〇センチ、高さ七センチで、丸い表面に浅い凹みがある。石質は花崗岩とみられ、神宮に残る伝承では、この要石は地球の中心に通じているといわれ、山の宮、あるいは御座石《みましいし》と呼ばれたという。伊勢神宮の心の御柱的な存在として、古来尊ばれてきたものである。

『水戸黄門仁徳録』によると、『大日本史』の編纂のために各地の史跡を訪ね調べたことで知られる水戸光圀《みつくに》が、七日七夜発掘し続けたが、全体を明らかにすることができなかったという。

鹿島神宮内にある「要石」

　同様の要石は、鹿島神宮と一対といわれる香取神宮にも存在し、鹿島神宮の要石が「凹石《くぼみいし》」と呼ばれるのに対し、表面が突き出ているため「凸石」と呼ばれる。どちらも地帯を鎮めるために、地下の鯰《なまず》の頭を押えつけているという伝承がある。ようするにこの伝承も、要石が大地の中心に通じているということが伝わったものだろう。
　前に触れた通り、常陸は常世の国を示し、天に最も近い場所であると思われていた。そこで、鹿島神宮の要石が土地の中心軸にあって、その延長線が天球の中心に達し、連結しているという発想が芽ばえたとしても決して不自然ではない。

というのも、鹿島神宮にはかつて毎年三月二一日に「北星祭」という、国家鎮護の祭祀があったという。つまり、北極星を崇拝する祭りであり、神宮の本殿が北面しているのも、北辰《ほくしん》信仰によるものであるという（山田安彦氏、前掲）。こうした石は、鹿島神宮本殿の背後にも存在し、「鏡石」と呼ばれている。

これらの鹿島神宮における北辰信仰から考えて、神宮の要石は天の中心にあると信じられ、そのために天の中心に座す天御中主神の住む高天原という地名を与えられたと推測できるのである。

鹿島神宮と結びつきが強い香取神宮

三社の意図的な配置

鹿島神宮の南、約八キロに鹿島神宮の摂社・息栖《いきす》神社がある。社伝では、応神天皇の時代に創祀され、八〇七年現在の地へ遷《うつ》されたという。鹿島・香取神宮と共に東国三社の一つに数えられ、江戸時代には三社詣といって、三つの神を一度に詣でるならわしがあったという。

いわば、鹿島・香取神宮とトリオをなす神社である。

興味深いのは、この三社の配置関係で、息栖神社の真北九キロに鹿島神宮、真西九キロに香取神宮がそれぞれ位置しており、正確な直角二等辺三角形をかたちづくることである。息栖神社は祭神五柱の一つに天鳥船を祀っているが、鹿島・香取に祀られた英雄二神と、その乗り物である船の三つが水上交通の要衝である利根川を囲むように配されているのである。

息栖神社

前にも触れた通り、鹿島神宮本殿の背後には鏡石と呼ばれる石がある。大場磐雄氏（『祭祀遺跡——神道考古学の基礎的研究——』角川書店、一九七〇年）によれば、これは神がよりつく岩である磐座《いわくら》であるという。いわば鹿島神宮の御神体ということができよう。

注目すべきはこの鏡石と前述の鹿島神宮の要石は、じつに正確な東西一直線上に位置しており、さらにこの直線を西へ延長すると、神宮の大鳥居に至ることである。つまり、大鳥居から見て、要石、鏡石の背後に春分・秋分の日の出を眺められるのである。

一方、この軸線と前述の息栖神社と鹿島神宮の南北線の交点に、くしくも同神宮の旧護摩堂（現護国院）が鎮座するのである。また、大鳥居と鹿島神宮の摂社・沼尾神社は、正確に南北一直線上に位置していることに気づく。

同様の自然暦は、香取神宮にも散見できる。香取神宮の本殿は、東西二つあるが、東宮の正確に真北には、香取神宮奥宮が位置する。また、前述の息栖神社と香取神宮の東西線上に古代祭祀遺跡のある八雲神社と鹿島新宮、匝瑳《そうさ》神社、又見神社が位置していることがわかる。

また、香取・鹿島両神宮の要石を直線で結ぶと、正確に東北の方向となる。東北の方位は「鬼門」と呼ばれ、鬼が出入りする方向として古来忌み嫌われてきたが、この軸線は、鬼門封じの役割を果している。

また、香取神宮の要石から香取神宮の東西本殿、側高《そばだか》神社を結び延長すると、沼尾神社へと達するのである。さらに、鹿島・香取両神宮と周辺の寺社の配置関係を調べてみると、春分・秋分、夏至・冬至の日の出没といった三つの自然暦による方位軸によって、それぞれ非常に複雑な配置関係を形成していることがわかる。

これらの配置関係は、偶然そうなったわけではなく、春分・秋分、あるいは夏至・冬至の祭祀を年中行事にしてきた古代の社が計画的に配置した可能性は極めて高いといえる。

鹿島第一の神宝

鹿島神宮の近くに「甕山《みかやま》」と呼ばれる塚がある。一九六七年にこの山を発掘したところ、甕《かめ》や皿、杯などの祭祀器具とみられるものが出土した。かつて甕山は海に浮ぶ島であったといわれ、神代の頃より、甕が置かれていたという。また、朝廷より使者がここを訪れ、祝詞《のりと》を献ずる風習があったともいわれ、『神日本』によれば、鹿島明神の祖先を祀ったものとして鹿島第一の神宝であったという。

この甕にちなんで島は「甕島《みかしま》」と呼ばれ、それが「鹿島」の語源となったというのである。鹿島神宮の摂社・息栖神社に古代から伝わる池に沈められた甕が祀られているのも、こうした伝承と関係するものである。さらにもう少し想像をたくましくすれば、鹿島神宮の主祭神・武甕槌神の「甕」も甕山に由来するのではないか。

『常陸国風土記』によれば、この地にヌカヒメという女がおり、男神が訪れたのちに蛇を産んだので、この蛇を甕に入れて祀ったという。当然、この話は寓話であり、実際は、この地の豪族と外からやってきた一族の婚姻による結びつきを意味していると思われる。実は、これと酷似した伝承は前に触れた大神神社にも伝えられており、両者に関与した共通の氏族・多氏が見え隠れしている。

息栖神社の甕

二つの富士山と二つの高天原

六四五年の「大化の改新」によって、律令制度が整備され、各地に国が定められ、朝廷から国司と呼ばれる地方官が派遣され、役所である国衙《こくが》（国庁）や国分寺、総社の置かれた国府が造られた。

常陸国にも東国経営の要衝として国府が置かれたが、その場所は最近まで定説をもたず、いくつかの仮説があったが、二〇〇一年から二〇〇三年にかけて行なわれた発掘調査によって、現在の石岡市立石岡小学校付近にあったことが明らかになった。正殿や前殿、南門跡とみられる掘立柱の痕跡や軒瓦、陶器や硯《すずり》の破片が出土したのである。付近には常陸国総社宮や常陸国分寺跡、国分尼寺《にじ》跡が現存することからも、この地に国府があったことが裏付けられる。

ここで注目したいのは、この常陸国府にみられる自然暦についてである。

まず、冬至の日の出の方位は、鹿島神宮の祭神、武甕槌神が鹿島にはじめて上陸した地点といわれる「明石の浜」の神門鳥居の方向と一致する。前述の通り、付近にある「高天原」

は常陸発祥の地である。

　反対に夏至の日没の方位をみると、石岡市街から約八キロの地点に「富士山」と呼ばれる標高一五三メートルの丘がある。また、その軸線を延長すると、筑波山の山頂のわずかに北の位置に達する。この位置には筑波山神社があり、興味深いのは付近に「高天原」という地名がのこることであろう。冬至の日の出と夏至の日没の両方の方位に高天原が存在するのである。筑波山は「二上山」の別称があるが、これらの関係は、奈良の三輪山を冬至の日の出の方位とし、二上山を冬至の日没の方位とするしくみと類似しているのだ。

常陸国総社宮

　次に夏至の日の出の方位を観察すると、鹿島神宮の摂社酒列《さかつら》磯前《いそざき》薬師菩薩神社と大洗磯前薬師菩薩神社のちょうど間から日の出が拝める。これは偶然とは考えにくく、『日本文徳天皇実録』によれば大己貴命と少彦名《すくなひこなの》命が国造りの後、再び民を救うために帰ってきたという託宣があったといい、二神が常陸に帰国した地点が、太陽の回帰を意味するようにそれぞれ酒列と大洗にあたるのであ

酒列磯前神社

大洗磯前神社

る。

常陸国府の守護神・総社宮には七社が祀られているが、その中に大洗磯前薬師菩薩神社と酒列磯前薬師菩薩神社があることからみて、極めて計画的な配置といってよいだろう。『延喜式』神名帳にも常陸国鹿島郡二神として鹿島神宮とともに大洗磯前神社は取り上げられるほど縁が深い。

さらに冬至の日没の方位をみると、富士山が位置する。夏至と冬至の日没それぞれに富士山が配されているわけである。

二つの富士山、二つの高天原が自然暦の方位上に乗ることから考えて、これらは偶然ではなく、計画的にそうした場所に常陸国府を設定したものとみてよいだろう。

なお、この国府の真北四〇〇メートルの位置には「星の宮」が鎮座するが、これは北辰信

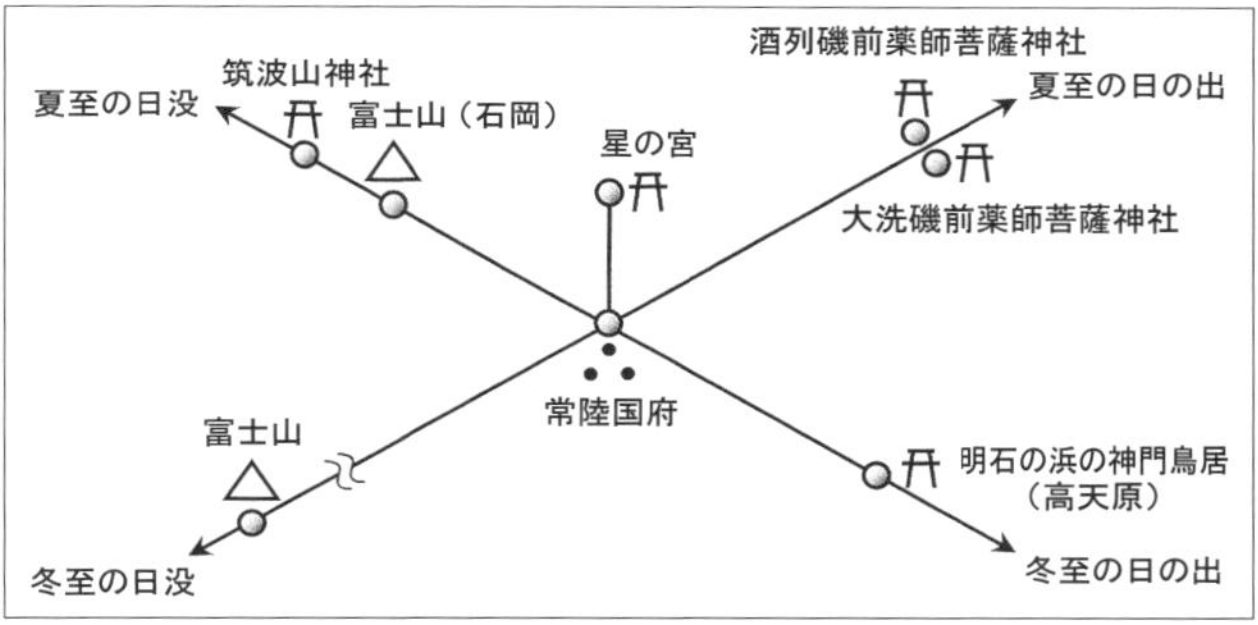

常陸国府を中心とした自然暦

仰を意味しており、前述の大洗と酒列の二つの磯前薬師菩薩神社は、密教による星信仰である妙見菩薩信仰が関係しているとみられる。

藤原氏発祥の地

鹿島神宮の近くに鎌足神社がある。『大鏡』によれば、初代藤原氏を名のった藤原鎌足の出生地であるといわれ、当時はこのあたりまで浜辺がせまっていたという。

鎌足は、のちに天智天皇に仕え、六四五年に大化の改新を断行、以後藤原氏は天皇にかわって政治を取りしきる摂政、関白として数世紀にわたり日本を牛耳ったことはいうまでもない。いわば鹿島神宮一帯は、藤原氏発祥の地であるということができる。

鎌足は、推古天皇二十一年（二十二年説もあり）に生まれたといい、幼名は「鎌子」、姓は「中臣《なかとみ》」といった。中臣

常陸国総社宮内にある星宮神社（星の宮）

とは、神と人の中をとりもつ神職の家系であるといわれ、数ある臣の中でも中心的な部族であったために命名されたという説もある。

その先祖は「天児屋根命《あまのこやねのみこと》」であるといわれ、天照大神が天岩屋戸《あまのいわやど》にこもった際、岩戸の前で祝詞を奏した神といわれる。崇神天皇の時代に大和から中臣神聞勝命《なかとみのかむききかつのみこと》が鹿島に神職として移ったことが、鹿島神宮との関係の発端であろう。『古事記』では「仲国造《なかのくにのみやつこ》」が常陸に国造としてつかわされたとしているが、同一人物とみてよいだろう。

つまり、現在、鹿島神宮の祭神となっているもともとの土地の神・武甕槌の一族と婚姻関係となり、神主、大宮司と発展していったものとみられる。そして『常陸国風土記』によれば、中臣氏の祖先天児屋根命を祀る坂戸神社と、産土神・武甕槌神を祀る天大神社《あめのおおじんじゃ》、そして経津主神を祀る沼尾神社を合わせて香島（鹿島）神社を創立したという。鹿島神宮の祭礼の一つ「御船祭《おふなさい》」では本社、坂戸、沼尾の三社の船に神輿をのせるが、その名残だろう。

『神日本』（第三巻六号）によれば、

「鹿島の社務は代々中臣氏の人にてつとめ、鎌足公までは、当所社務にてありしが都に上り政務を預り、遂に都に止りたまう」

と記されている。

すなわち、代々鹿島神宮の神官をつとめた中臣氏から、はじめて鎌足が大和朝廷につかわされたのである。そして大化の改新を成功させ、天智天皇を擁立すると藤原姓を天皇より賜わり、藤原鎌足と名乗ったのであった。

武甕槌を祀った一族とは

前述の通り、藤原鎌足の祖先・中臣神聞勝命が大和から鹿島に移り、武甕槌の一族と婚姻関係をもったことが、両者の結びつきの発端であったとみられる。それでは、元来この鹿島の地で武甕槌を祀っていたのは、いったいどんな一族だったのだろうか。

大生神社

大生殿神社

梅原猛氏（『すばる』第二号）、大場磐雄氏（『神道考古学論攷』）、太田亮氏（『姓氏家系大辞典』）、松村武雄氏（『日本神話の研究』）その他多数の研究者によれば、常陸オホ氏の氏神が武甕槌神であったといわれ、もはや定説といってよいだろう。「オホ」は「多」「太」「意富」「大生」「意宇」とさまざまに書かれる。

『常陸国風土記』によれば、常陸オホ氏の那珂国造の祖建借間命《たけかしまのみこと》が常陸の賊を平定したという。このオホ氏の本拠地が鹿島神宮に近い潮来《いたこ》町の大生郷《おおのごう》であり、ここに大生神社が現存する。鹿島神宮の宮司を代々つとめた東家に伝わる古文書によれば、鹿島神宮の祭神武甕槌神は、この大生神社の祭神を移したものという。現に大生神社の由緒として、同様に古来より伝えられてきたのである。

この大生神社から約一キロの場所に大生殿神社が祀られているが、注目したいのは、これら二つの神社周辺に大生古墳群と呼ばれる百数基からなる六世紀後半の遺構があることであろう。それらは大生東部古墳群と大生西部古墳群からなり、古墳時代の前方後円墳、円墳からなる。大場磐雄氏（『常陸大生古墳群』）によれば、これらはオホ一族と首長の墓であるという。

藤原氏の前姓は中臣であると述べたが、興味深いのは『新撰姓氏録』や『多神宮注進状』などによればオホ氏の前姓も「仲臣」あるいは「仲津臣」であったということである。これはおそらく、オホ氏が中臣氏と婚姻関係をもったために、その子孫の中でオホ氏を名乗った者からみれば、前姓は仲臣ということになることを示しているのではないだろうか。どちらにしても、両者の婚姻関係によりオホ氏＝中臣氏となったと見てよいだろう。

このオホ氏こそが、鹿島神宮周辺にみられる自然暦による景観計画を実践した一族ではないかと思われる。

出雲大社（島根）
――朝鮮との深い関係

出雲の国引き伝承

大和朝廷の国家統一にかかわる鹿島、諏訪、出雲の地が、すべて一本の壮大な東西線上に配されていることは既に述べた。ここではまず、出雲伝説について考えてみたい。

『古事記』や『日本書紀』、またこれらの正史の出雲伝説のもととなったといわれる『出雲国風土記』には、出雲の国引きの伝承が記されている。この伝説は、八束水臣津野命《やつかみずおみつぬのみこと》という巨人神が、島根半島を出雲の本土に綱でつなぎとめたというものである。少し長くなるが引用してみよう（加藤義成『校注出雲国風土記』千鳥書房、一九七五年）。

国引き坐《ま》しし八束水臣津野命、詔《の》りたまひしく、「八雲立つ出雲の国は、狭布《さぬの》の稚国《わかくに》なるかも。初国小《はつくにちさ》く作らせり。故《かれ》、作り縫《ぬ》はな」と詔りたまひて、「栲衾《たくぶすま》、志羅紀《しらき》の三崎《みさき》を、国の余《あまり》ありやと見れば、国の余あり」と詔りたまひて、童女《をとめ》の胸鉏《むねすき》取らして、大魚《おふを》の支太《きだ》（鰓）衝《つ》き別《わ》けて、彼多須須支《はたすすき》（幡薄）穂振り別けて、三身《みつより》の綱打ち挂《か》けて、霜黒葛《しもつづら》闇耶《くるや》闇耶《くるや》（繰るや繰るや）に、河船《かはふね》の毛曾呂毛曾呂《もそろもそろ》（もそろもそろ）に、「国来《くにこ》、国来《くにこ》」と引き来《き》縫へる国は、去豆《こづ》の折絶《たえ》よりして、八穂米支豆支《やほしねきづき》（杵築）の御崎《みさき》なり。かくて堅《かた》め立てし加志《かし》（杭）は、石見国と出雲国との堺《さかひ》なる、名は佐比売《さひめ》山、是《これ》なり。亦《また》、持ち引ける綱は、薗《その》の長浜、是なり。

（国引きをしたヤツカミズオミツヌノミコトは次のように言った。「八雲立つ出雲の国は幅の狭い布地のように細長く、いまだ未完成な新国である。神は小さく造ったものだ。国をぬい合わせよ」といい、「タクブスマ新羅の岬の方に余った土地がないかと見渡すと、国の余りがある」といった。そこで乙女の胸のように広い鉏をもち、大魚のエラを切り離すように土地をつき別けて、三つよりの綱をかけ、霜枯れのツヅラをたぐるように船をひくように「国よ来い、国よ来い」と土地を引き寄せてつなぎ合わせた。これが小津浦の切れ目の日御崎となった。それをつなぎ固めるために立てた杭は、石見の国と出雲の国の境の三瓶山となり、その時引いた綱は薗の長浜となった）

国引きはこうして四度にわたり行なわれ、出雲の国は現在の大きさになったという。

地質学的にみると、古代において今日の島根半島は海中に浮ぶ島であったことがわかり、今市平野は一面の海であったという。ところが斐伊《ひい》川が土砂を海に運び、埋め立てて出雲平野を形成し、島根半島を本州とつないだのだといわれる。

斐伊川は古くは「ひのかは（日の川）」と呼ばれ、また出雲大川ともいった。全長一四八キロ、島根県の西、出雲の国をほぼ北西に横断する。現在のように斐伊川が宍道《しんじ》湖へ流れるようになったのは、江戸時代の一六三八年頃であり、それから三百年間に宍道湖は三割も小さくなったといわれ、この川が大変な堆積力をもっていたことがわかる。

こうした神話は、実際の出来事を示していることが多いが、この国引き伝説もおそらくこうした著しい地形の変化を伝えたものといわれる。地形の変化にともない、ともすれば洪水にみまわれる住みにくい土地を、人々は開拓を繰り返して今日に至ったわけである。

例えば『日本書紀』の顕宗天皇紀に、

出雲は新墾《にいはり》、新墾の十握《とつか》の稲《しね》の穂を、浅甕《あさらけ》に醸《か》める酒《おおみき》を、美《うまち》に飲喫《むやろうる》かね

(新しい開墾地で穫れた多くの米を浅い甕で醸した酒です。おいしくお飲み下さい)

とあるが、「出雲は新墾」と言い放つほど、それは一般的なことであったことがうかがえよう。また『出雲国風土記』にも、現在の出雲市古志町について、

古志郷、伊弉那弥《いざなみ》の命《みこと》の時、日淵をもて池を築造《つく》り給ひき、その時古志の国人等《たち》、到来《きた》りて堤を為《つく》りてやがて宿居《やどり》し処なり

と記し、開拓が盛んに行なわれていたことがわかる。出雲における「国引き」の伝承は、こうした自然と開拓による地形の変化を示しているといってよいだろう。

おびただしい数の古墳

『令義解《りょうのぎげ》』によれば、「天神とは伊勢、山代の鴨、住吉、出雲国造の斎《いつ》く神等これなり」とあり、出雲には「国造《くにのみやつこ》」がおかれたことがわかる。国造とは古代の国の統治機構の一つで、五世紀には全国に約一三〇ヶ所が配されたという。

出雲国造の本拠地は、意宇郡《おうぐん》である。この意宇郡は「神郡」とも呼ばれ、特別に祭政とのかかわりをもっていたという。出雲国造は、この地の豪族であったといわれ、役所である国衙《こくが》(国庁)や国分寺、総社の置かれた国府が設けられた。出雲地方の四大神奈備《かむなび》山の一つである茶臼山の東にあたり、総社としての六所神社が現存する。六所神社というのは、六箇所の神を祀るというよりも、「録所」として出雲全体の神社を管理統括する社という意味であるという。『出雲国風土記』によれば、意宇郡安来郷の条に「当国に静まり坐す三百九十九社」とあって、これらすべての神社を総合する社であったことがわかる。

六所神社は、一九六八年から三年にわたり発掘調査が行なわれ、溝に囲まれた敷地に政庁跡が発見された。また近くには、国分寺跡や国分尼《にじ》寺跡もあり、大伽藍跡が復元されて今に至る。

付近に熊野大社があるが、出雲国造の守護神であるとみられ、『出雲国風土記』によれば、出雲地方に大社とあるのは、杵築大社《きつきのおおやしろ》(出雲大社)とこの熊野大社だけである。また、大和朝廷以降授けられた神階は、熊野が常に一段上位であった。この熊野大社のある天狗山山頂に、現在も磐境《いわさか》が残されている。

一方、意宇郡を流れる意宇川が熊野山地から平野に出たあたりに「大庭《おおば》」の地がある。大

大社造最古の神魂神社

庭の「庭」とは「まつりごと」を執行する場のことであり、例えば朝廷の「廷」というのも政治を行なう庭を指している。

ここに大社造《たいしやづくり》としては最古の神魂《かもす》神社がある。毎年の新嘗祭《にいなめさい》や国造の代替りの火継ぎ式は、すべて出雲国造がここで執り行なったという。つまり国造の神を祀る斎場であったことがわかる。

にもかかわらずこの神魂神社は『出雲国風土記』にも『延喜式』の神名帳にもいっさい記述がない。おそらく、かつてこの神社敷地内に国造の別館があったことから、もとはこの場所に国造の本邸があり、その邸内社として出発したものであるからなのだろう。というのも、神魂神社内の正林寺には、国造一族の墓や石塔が現存し、両者の深い関係がうかがわれるからである。

さらに、神魂神社周辺にはおびただしい数の古墳が存在するが、これらもこの地の豪族であった出雲国造一族の先祖の墓であるといわれる。しかも出雲地方で最大級の古墳が多く、山代二子塚は全長九〇メートルもあり、当時の出雲国造の権力の大きさを物語っている。

注目したいのは、「意宇」という名の起源が、前述の出雲の国引き伝説の中で、八束水臣津野命が国引きを終えたあと「意恵《おえ》」と言ったことであると、『出雲国風土記』に記されていることである。

国引き伝説が、実際の自然と開拓による地形の変化を伝えていることはすでに触れたが、この伝説に意宇の起源が伝えられていることは、とりもなおさず意宇の地を本拠として出雲国造が出雲地方の開拓の中心人物であったことを示しているのである。

出雲の意宇氏は鹿島のオホ氏か？

そして、この出雲国造の祖といわれる一族が意宇氏なのである。出雲国造家は、出雲臣氏だが、その祖神に関しては数多くの伝承が存在する。中でも有力なのが『日本書紀』の「仁徳前紀」の「出雲臣の祖、淤宇宿禰《おうのすくね》」という記述であろう。この記録によれば、宿禰は大和朝廷に召し出されて、屯田司《みたのつかさ》を命じられている。屯田司とは、天皇の御領田の長官であり、朝廷の中でも特に重要な役職であった。

この宿禰こそが、出雲の意宇郡に蟠踞《ばんきょ》した意宇氏であったとみてよいだろう。その後、出雲の国全体を統合してから出雲臣と称するようになったとみられる。

この意宇氏が信仰した神が、前述の熊野大社であり、「出雲国造神賀詞《かむよごと》」ではイザナギノミコトの最愛の御子であるという。出雲の神社の中では、この熊野大社だけが国つ神ではなく天《あま》つ神となっており、大和朝廷の息のかかった渡来系の神であったことがうかがえる。

『日本書紀』の垂仁天皇二年の条には「意富加羅《おうから》の王子都怒我阿羅斯等《つぬがあらしと》が越国《こしのくに》の笥飯浦《けひうら》に着いた」とあって、加羅とは中国ではなく、朝鮮を指すことから、朝鮮より意富の王子が来日したことがみえる。

前述の通り、出雲の国引き伝説が、意宇の起源を伝えているが、この国引き伝説を読み返すと、八束水臣津野命が国を引く時に用いた道具として鋤が重要な役割を果していることに気付く。鋤は古代において、大規模な土木工事や開墾を行なう時に用いた道具であり、いかにも意宇氏を祖とし、意宇郡を本拠とした出雲国造が土地の開拓に関与するのにふさわしい道具である。

ところで、『日本書紀』の「八岐大蛇《やまたのおろち》」説話では素戔嗚尊《すさのおのみこと》が「韓鋤《からさび》」の剣で大蛇を斬ったと述べられているが、韓鋤とは韓国《からくに》製の鋤《すき》のことである。鋤《さび》という読み方はサブという朝鮮語の表音記であり、古代の朝鮮では鋤が武器として用いられたことが高句麗の壁画などからわかるという。

また出雲地方の荒神谷遺跡から一九八四年、銅剣が三五八本も発掘されたが、これはそれまで各地でみつかったすべての銅剣三〇〇本をはるかに越える数である。さらに出雲を代表する神である大国主命の別称の一つに大穴牟遅神《おおなむちのかみ》があり、この神の「亦の名」は『古事記』『日本書紀』によれば八千矛神《やちほこのかみ》といい、『日本書紀』は特に大国主命は国の平定に広矛を用い、国譲りの際も矛を授けたと記している。同紀にはイザナギノミコトが出雲を「細戈《くわしほこ》の千足国《ちたるのくに》」と呼んだとも記し、いずれもが、出雲を矛（戈）にゆかりのある国としていることがわかる。このようにみてくると、鋤にしろ銅剣にしろ矛（戈）にしろ、出雲に関する伝承が武器と深くかかわっていることがうかがえる。

『出雲国風土記』によれば、「宇夜都弁命《うやつべのみこと》」という渡来人が出雲へ天降り、出雲郡建部《たけべ》に住んだという。建部というのは大和朝廷とつながりのある軍事集団であったといわれる（上田正昭『日本武尊』一九六〇年、吉川弘文館）。建部や建部郷、建部神社が西日本を中心に点在しているが、主に交通や軍事の要衝に設けられたという。

すなわち、出雲と武器を結びつける伝承や発掘品が多いのは、こうした建部といった集団を用いて、出雲地方が統合されていったためと考えられないだろうか。そして、それを指揮したものこそが、出雲国造であり、その祖、意宇氏であった可能性が示唆できる。

ここで注目したいのは、鹿島神宮の祭神・武甕槌神が大和朝廷から使者としてつかわされて大国主命は国譲りをしたという事実である。この鹿島の地は、前述の通りオホ氏の本拠地であった。また、出雲の意宇氏は渡来系一族であることはすでに触れたが、後述する通り鹿島のオホ氏も朝鮮系渡来人である。

これまでも繰り返し述べてきたように、オホは「多」「大」「太」「意富」「大生」「意宇」とさまざまな字をあてて名乗られてきた。また、すべて同じ一族を祖としている。果して出雲の意宇氏は、鹿島のオホ氏が出雲の国譲りの際、この地に定住した一族なのだろうか。

交通や軍事の要衝にある建部神社

興味深い一致

古代の農業は、自然灌漑をもとに行なわれたのであり、出雲国府の置かれた意宇郡を流れる意宇川のような安定した川が、稲作には最適であった。例えば同じく出雲地方を流れる斐伊川のように、しばしば洪水を起こす暴れ川では、なかなか安定した農業が営みにくい。農業社会の発展からみれば、意宇平野はかっこうの土地であったといえる。

『出雲国風土記』には神門《かんど》郡の日置郷について「志紀島の宮に御宇しめしし天皇（欽明天皇）の御世、日置伴部等、遣され来て、宿停《とど》まりて政《まつりごと》せし所なり。故、日置と云ふ」と伝えられる。この中で「御宇」と表記するのは、おそらく「意宇」のことであろう。というのは、『出雲国風土記』に意宇郡山国郷の日置部根緒《へきべのねお》、意宇郡舎人《とねり》郷の日置臣志毘《へきのおみしび》、意宇郡出雲神戸の日置君《へきのきみ》鹿麻呂、同目烈《めづら》など、日置を名乗る者のほとんどが意宇郡の出身であるからで、意宇の出雲国造の末裔、出雲臣族の出身であったと考えられるからである。

日置部は各地に派遣され、東西線や南北線を用いて村を定め、日の三天を測って暦を定めた祭祀集団であるとみられる。出雲の日置部が、意宇の出雲臣族とくしくも一致するのは大変興味深いといえよう。なお、出雲大社のある出雲郡の郡大領として日置部臣が存在し、まつりごとを行なったとみられる。

国庁の置かれた意宇郡を中心とした出雲臣族出身の日置部たちは、果してどのような自然暦を形成したのだろうか。また、出雲大社の地・出雲郡でも優位であった日置部臣は、出雲大社にどのような自然暦を仕掛けたのだろうか。

壮大な東西線

出雲国庁跡は、現在の松江市大草町にあたり「八雲立つ風土記の丘」として整備されている。前にも触れたように、出雲国府跡や出雲国分寺跡、国分尼寺跡や六所神社、その他多数の古墳群が集中している。その他にも古代から中世にかけての倉跡である「出雲国山代郷正倉跡」や、国引き伝説で八束水臣津野命が「おえ」と言った場所とされる「意宇の杜《もり》」など古代の遺構が所狭しと並んでいる。

ここで、まず注目したいのが、出雲国府跡から東西に延びる軸線である。国府跡から東へ東西線を延長すると、出雲の造山古墳にぴったり重なり、さらに延長していくと、あの出雲大社の主祭神・大国主命の弟神・建御名方神を祀る諏訪神社を通過し、ついには大国主命に国譲りを迫り、建御名方神を破った武甕槌神を祀るあの鹿島神宮に達するのである。つまり、国府跡から見て、造山古墳、諏訪神社、鹿島神宮の方向に春分・秋分の日の出が観測できるわけである。

造山古墳は、一号から三号までの三つの古墳からなり、一号と二号は、出雲地方の例としては最大級である。一号、二号は前方後方墳、また三号は方墳で、後述する通り、朝鮮の古墳に近い最も古い例に属する。出雲国造かその末裔である出雲臣族の有力者の墓であるとみられる。

次に出雲国府跡から東西線を西に延長すると出雲国造の本拠であり祭祀場とみられる神魂神社を通過した後、八重垣神社へ達する。八重垣神社は『延喜式』や『出雲国風土記』では佐久佐神社と呼ばれ、出雲地方では出雲大社、熊野大社に次いで格式が高い社である。

この東西線をさらに西へ延長していくと、出雲の西端にあたる日御碕《ひのみさき》神社へと達するのだ。つまり国府跡から見て神魂神社、八重垣神社、そして日御碕神社の方向に春分・秋分の日没が観測できる。

別名「日沈宮《ひしずみのみや》」と呼ばれ、天照大神を祀る下の宮と、別名「神《かむ》の宮《みや》」と呼ばれ、素戔嗚尊を祀る上の宮に日御碕神社はわかれている。上の宮は社伝によれば九四八年、近くの海辺から約一〇〇メートルの箇所にあり、天照大神が降臨したといわれる経島《ふみしま》から移したものという。また、『出雲国風土記』によれば当初は「美佐伎社《みさぎ》」と呼ばれたという。また下の宮は、安寧天皇の時代に、後方の隠《かくれ》ヶ丘から移し、『出雲国風土記』によれば「百枝槐社《ももいだみたま》」と呼ばれていたという。現在の社殿は一六四四年のものだが、十四棟の建物はすべて重要文化財に指定されている。

さらに西へ延長すると

以上の東西線上に並ぶ遺構を列記すれば、鹿島神宮――諏訪神社――造山古墳――出雲国府跡――神魂神社――八重垣神社――岡田山古墳――日御碕神社となり、東西線上の本州の東から西まで古代の遺構が配されていることがわかる。しかも、東の鹿島神宮は常陸（日立ち）であり、西の日御碕神社は「日沈宮」なのである。前に触れた通り、出雲大社の神坐は西面しており「日隅宮《ひすみのみや》」と呼ばれる。出雲が日沈宮や日隅宮の地といわれるのは、日の沈む地だからである。

さらに驚くべきは、この東西線をさらに西へ延長すると、韓国の慶州の都城へ正確に達することである。すなわち、日御碕神社から見て、慶州（新羅）の方向に春分・秋分の日没が観察できることになる。

『三国遺事』による古代朝鮮の伝承によれば、新羅の延烏郎・細烏女夫婦が日本に行くと、新羅から月と太陽がなくなったという。新羅の王は夫婦に帰国するよう使者を派遣したが帰らないという。そのかわり、使者は細烏女の織った絹をもらい、帰って祀ると太陽と月が復活したと伝える。その絹を祀った場所を迎日県といったといわれ、また夫婦の名につく烏は太陽のシンボルであったという。この神話はおそらく『古事記』の天岩屋に天照大神が隠れ、復活する天岩屋の神話と同様の内容を示しているといってよいだろう。

前述の国引き伝説では、新羅からはじめに引いてきたのが日御碕であったという。『日本書紀』には素戔嗚尊が新羅に降りた後、出雲に上陸したといい、いずれも新羅と出雲の古代における国際関係を示しているのが面白い。

つまり、鹿島から出雲国府跡を通過して日御碕に至る東西線の延長線上に新羅の都慶州があるのも単なる偶然ではなく、むしろ意図的な配置である可能性が見え隠れしているといえよう。

偶然ではない

さらに興味深いのは、日御碕神社から見て、経島と出雲大社の位置が冬至の日の出の方位にあたることである。日御碕神社の上の宮は前述の通り経島から移したといわれるが、移す前も移したあとも出雲大社から見れば夏至の日没の方位にあたるわけである。

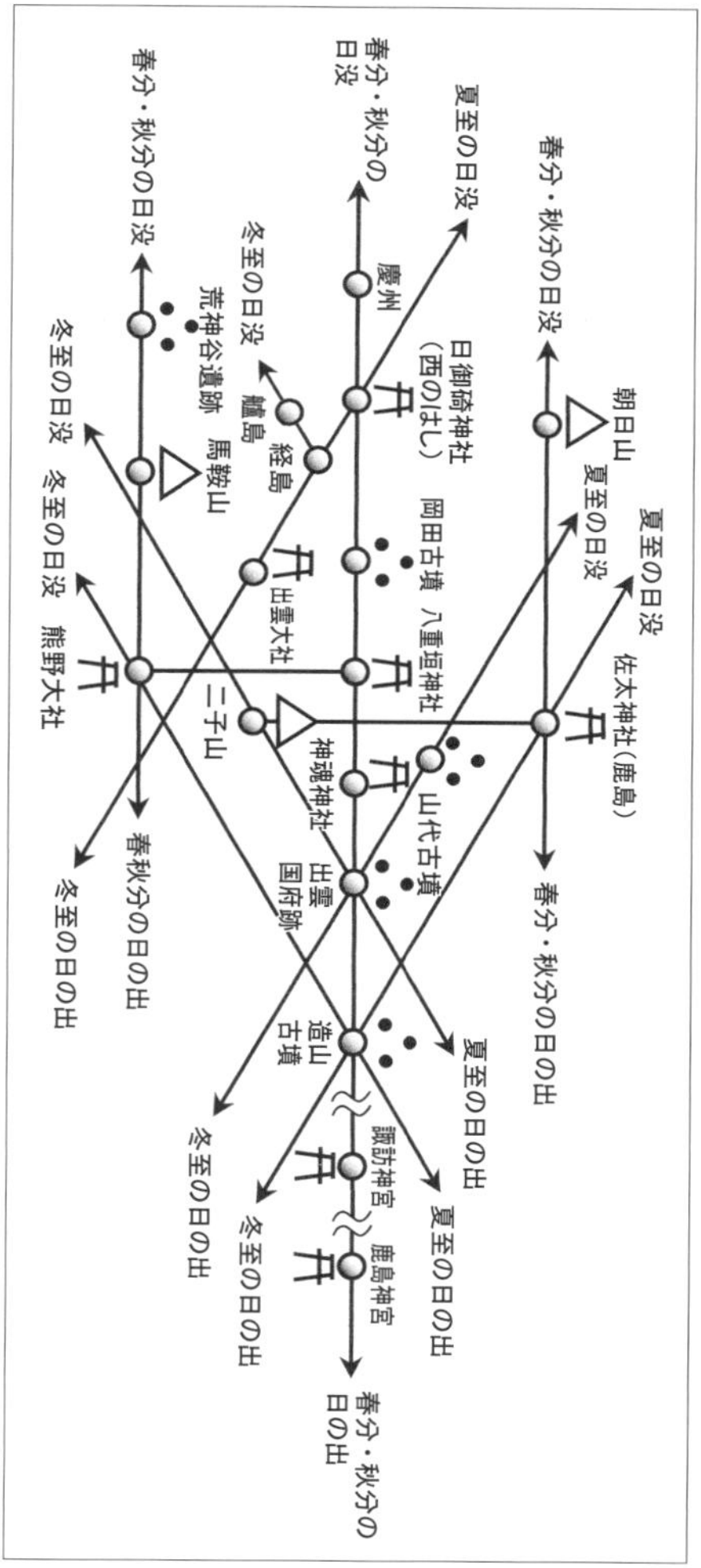

鹿島神宮・出雲地方を結ぶ自然暦

さらに注目したいのは、経島の西海上にある艫島《ともしま》である。経島から艫島は冬至の日没の方位にあたり、いいかえれば艫島から見て経島は夏至の日の出の方位にあたることになる。経島の天照大神降臨伝説も、こうした自然暦と無関係ではないだろう。

一方、こうした自然暦は、前述の東西線上の出雲国府跡にも指摘することができる。まず国府跡から見て、二子山が冬至の日没の方位にあたる。また、山代二子塚古墳が夏至の日没方位に一致するのである。山代二子塚古墳は、出雲地方最大の古墳であり、全長九二メートルの前方後方墳である。出雲国造の中でも最も有力な人物の墳墓といわれ、国府とは密接な関係がある古墳である。

前に常陸国府の自然暦に触れたが、出雲国府も同様のしくみをもつことがわかる。また、東西線上の造山古墳についても自然暦を指摘することができる。まず造山古墳から見て、出雲国造の守護神・熊野大社が冬至の日没の方位に位置している。また、佐太神社が夏至の日没の方位に位置する。熊野大社の真西には馬鞍山があり、熊野大社から見て、春分・秋分の日没を馬鞍山に観察できることになる。また馬鞍山への東西線をさらに西へ延長すると三五八本におよぶ銅剣が発掘された荒神谷遺跡が位置する。

一方、佐太神社は『出雲国風土記』によれば「佐太御子社」と呼ばれ、この地方の祖神佐太大神を祀る神社であった。大神を称するのは四柱しかないため、多くの信仰を集めたといわれる。周辺の地名を「鹿島」といい、神無月には、鹿島町古浦《こうら》海岸（佐陀の浦）に竜蛇が出現し、神社に奉納するという神事を行なう。この鹿島という地名も、鹿島神宮とは無関係ではなく、古代の鹿島との交流を留めているとみられる。

なお、佐太神社は、出雲の四つの神奈備山である仏教山、大船山、茶臼山、朝日山の一つ、朝日山山頂から見て真東に東向きに位置している。つまり佐太神社から見て、春分・秋分の日没を朝日山に観測することになる。いいかえれば、朝日山からは佐太神社の方向に春分・秋分の日の出を拝むこととなり、朝日山の名称も、そのしくみに由来するものだろう。一方、造山古墳から見て冬至の日没の方向にある二子山が佐太神社の真南に位置することも決して偶然ではないと思われる。

出雲国王の権威のシンボル

前述の通り、出雲大社は日御碕神社の冬至の日の出の方位に位置する。反対に出雲大社から見れば、日御碕神社は夏至の日没の方位に位置することになるが、出雲一の宮である出雲大社の自然暦は、果してこれだけだろうか。

注連縄が目を引く出雲大社

まず、出雲大社の真西には、稲佐《いなさ》の浜がある。つまり大社から見て、春分・秋分の日没の方位にあたる。稲佐の浜は、いわゆる国譲りの交渉の場である。高天原の使者天鳥船神と建御雷神は、この浜に剣を立て、あぐらをかいて談判し、国譲りの交渉が成立したのである。

次に、出雲大社の真東をみると、大寺薬師を経て、出雲玉造跡が位置する。『出雲国風土記』には、意宇郡忌部神戸《いむべのかんべ》の項に「国《くにの》造《みやつこ》、神《かむ》吉《よ》詞《ごと》奏しに、朝廷に参向《まいむか》ふ時の御沐《みそぎ》の忌玉作る」と玉を作っていたことが述べられている。弥生時代末頃から玉作りは行なわれ、『古語拾遺』によれば毎年、朝廷に献上されたことがわかる。古くより文献上で知られていたが、本格的な発掘調査は一九六九年からで、四世紀後半から奈良、平安時代に至る玉作工房跡が約三十基、数万個にのぼる未完成玉や鉄製工具、砥石などが出土した。日本で最も大規模な玉作遺跡であることが明らかになったのである。出土品はすべて現在重要文化財に指定されている。

実のところ大和朝廷の権威のシンボル・三種の神器は、出雲国王の権威のシンボルであっ

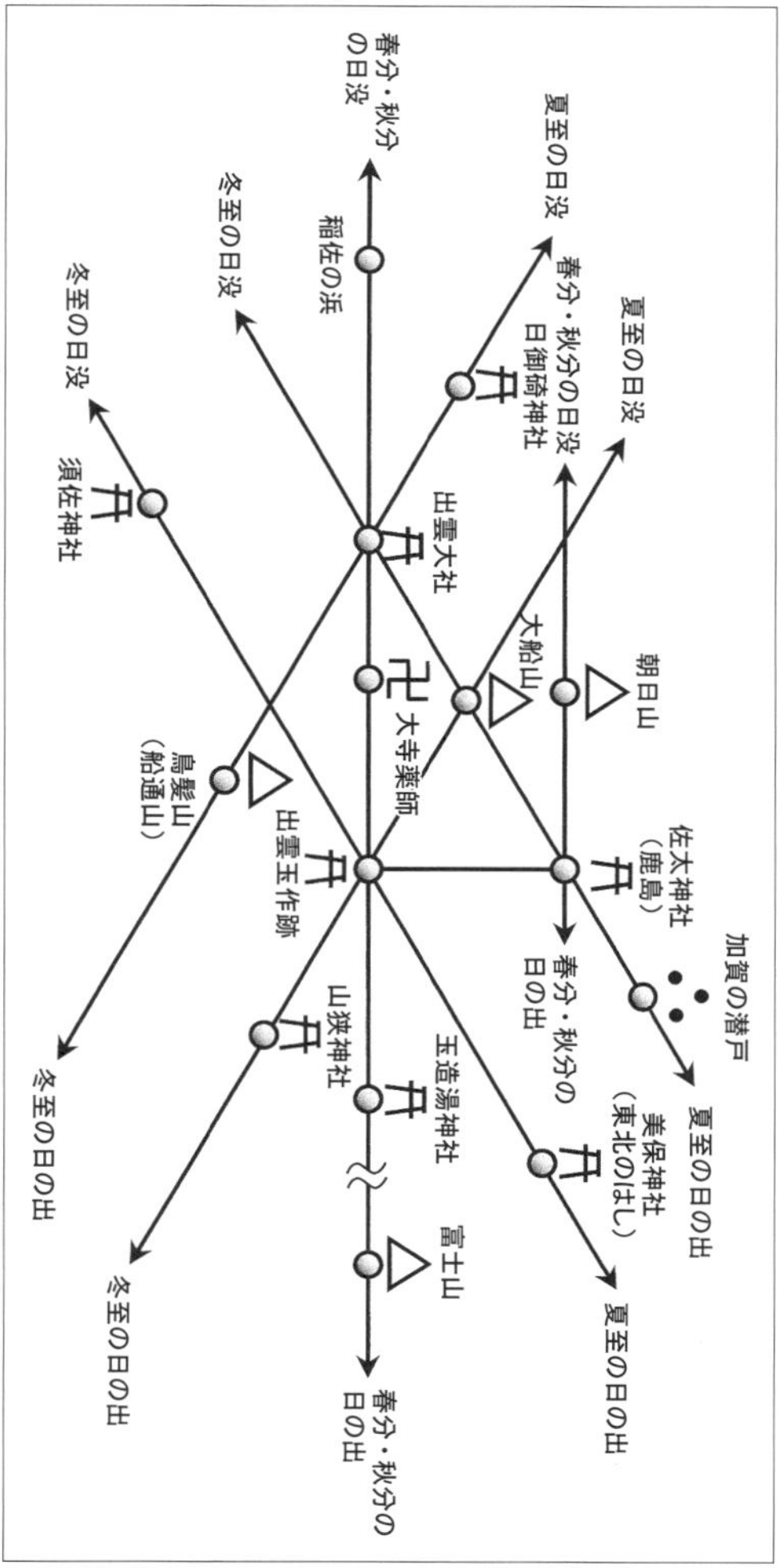

出雲大社を中心とした自然暦

た習俗を模したふしがある。アメノムラクモの剣は、素戔嗚尊が八岐大蛇を退治した際に尻尾から出たという伝承があり、またヤサカニの勾玉は、この出雲玉造で製作されたものだが、元来意宇国の王に献上したものであった。

出雲玉造跡には記加羅志《きからし》神社跡古墳があり、また南方に玉作湯神社があり、玉作部の祖神櫛明玉命《くしあかるたまのみこと》が祀られているが、ここに後述する韓国伊太氏《からくにいたき》神社が合祀されている。つまり、玉作部の祖先は加羅からの帰化人とみられ、玉作りの技術も大陸から伝えられた可能性を示唆している。

さて、出雲大社から出雲玉作跡への東西線をさらに東へ延長すると、富士山に達する。富士は「不死」と古来みられてきた。つまり、富士見は「不死身」であり、美しい円錐型の富士山は、不老不死の仙人が住むという蓬莱山にたとえられてきたのである。

素戔嗚尊が上陸した場所

前述の出雲国庁跡を中心とした自然暦同様、出雲大社の自然暦上の遺構にもそれぞれに自然暦が指摘できる。出雲大社から見て夏至の日没の方位に日御碕神社が位置することはすでに述べたが、さらに夏至の日の出は大船山、また冬至の日の出は鳥髪山《とりかみやま》（船通山《せんつうざん》）に望める。

大船山は、出雲の四つの神奈備山の一つとして古来崇拝されてきた山である。また、鳥髪山は素戔嗚尊が追放されて天降りした山で出雲大社とは関係が深い。

　さらに興味深いのは、出雲大社と大船山の夏至の日の出の軸線を延長すると、加賀の潜戸を通過し、ついには的島に達することである。

『出雲国風土記』によれば、加賀の潜戸は佐太大神の誕生地であり、出産の際、金の弓矢が流れついたと伝えられている。また加賀郷には金の弓矢で岩屋を射通したら、岩屋が光り輝いたという伝承がある。矢は古来、太陽光のシンボルであり、ようするに夏至の朝日が的島を射ることを伝えたものとみられる。

　一方、出雲大社の東西線上の出雲玉作跡の真北に佐太神社がある。佐太神社は加賀の潜戸で生まれた佐太大神を祀った神社だが、出雲の神奈備山の一つ朝日山の真東に東向きに建立され、春分・秋分の日没を朝日山に望むことはすでに触れた。

　その他、出雲玉作跡から見て、夏至の日の出は出雲地方の北東端に位置する美保神社に望め、また冬至の日の出は山狭神社に望むことができる。さらに夏至の日没は大船山、冬至の日没は須佐神社の方位に望むしくみである。

　まず美保神社は、国譲りの際、その判断を一任された事代主神《ことしろぬしのかみ》を祀った社で、古来美保の地は出雲有数の港として知られていた。朝鮮の『海東諸国記』にも載っているほどであり、新羅に降臨し、出雲に渡ったという素戔嗚尊が上陸した場所であるともいわれる。

　また、山狭神社はもと熊野神社と名乗っていたもので、出雲国造の守護神・熊野大社と同じく下宮、上宮の二社構成をもつ。いわば熊野大社の出店といった社である。さらに須佐神社は、素戔嗚尊を祀った神社で『出雲国風土記』にも載る古社である。

　これらの自然暦にかかわる神社や山は、すべて古代からの伝承を伝える遺構である。

美保神社

技術はどこからもたらされたのか

　ここまで折りに触れて述べてきたように、出雲と朝鮮は、古代において深く結びついていた。国引き伝説においても新羅からはじめに島を引いたと伝えられているし、現にその島を引いたのが日御碕で、鹿島神宮から日御碕神社へ延びる軸線の延長上に新羅の都・慶州が位置する配置となっている。また、出雲国造は、もと意宇氏であり、新羅からきた「意富加羅の王子」をルーツとしている可能性が高い。現に『日本書紀』では、素戔嗚尊《すさのおのみこと》の新羅国への降臨と出雲への渡来、出雲国での活躍、土地の娘との結婚といった筋書きであり、その後子孫は出雲族として発展するのである。

一方、出雲を代表する巨大古墳のほとんどが岡田山一号古墳や古天神古墳、造山古墳や二子塚古墳など前方後方墳、あるいは鶏塚古墳や山代古墳などのいわゆる「方墳」である。

池田満雄氏（『日本の考古学』第四巻古墳時代上、河出書房新社、一九六六年）によれば、「方墳は大陸墓制の基本的なもので、楽浪古墳、高句麗古墳にも一般的」とし、また内藤正中氏（『島根県の歴史』山川出版社、一九八八年）も「大陸では方墳が基本であり、朝鮮半島でも方墳が一般的である」という。

これらの出雲の前方後方墳や方墳は、主に出雲国庁跡や意宇郡周辺に集中することからみて、出雲国造となった意宇氏が新羅と関係することを裏付ける結果となっている。

石塚尊俊氏（『出雲隠岐の伝説』第一法規、一九七七年）によれば、平田市唐川の韓竈《からかま》神社の裏山に岩船と呼ばれる岩があり、素戔嗚尊が乗って出雲へ渡った船であるという伝承があるという。『出雲国風土記』によれば唐川は意保《おほ》美小川と呼ばれ、また、韓竈神社は韓銍《からかま》社となっている。意保美小川の「意保」は「意宇」の原形とみてよく、また唐川は韓川の意と思われる。さらに韓竈神社のある鰐淵山には鰐淵寺が建ち、六九一年の年号のある新羅様式をもつ観音像があるという。

この他、出雲地方には「韓国伊太氏《からくにいたき》神社」を摂社として祀る神社が多い。玉作湯神社や佐《さ》久多《くた》神社、阿須伎《あすき》神社や出雲神社、曾只能夜《そきのや》神社などすべて古代から存在する社であり、あの出雲大社ですら韓国伊太氏神社を摂社としているのである。

このようにみてくると、出雲国造であった出雲臣の祖・意宇氏と朝鮮は深いつながりをもち、意宇氏のルーツは朝鮮からの帰化人である可能性が高いといってよいだろう。

そして、前述の出雲国庁跡を中心とした東西線や自然暦の技術も、朝鮮からもたらされたとはいえないだろうか。出雲国庁の自然暦は、新羅の都・慶州へ達するだけでなく、新羅には数多くの自然暦が認められるからである。

例えば、皇福寺東方遺跡などは、約三〇〇〇年前の遺構であり、日本の環状列石とほとんど同じ形状であり、自然石を半円形に並べ、日時計型の立石の影がそれらの石を指すしくみをもっている。

また、月城郡安康邑の興徳王陵は、やはり二五〇〇年から三〇〇〇年前の遺構で円墳の周囲に石獅子や石人像を十四基環状列石風に配している。注目すべきは、それらのうち、北東の石獅子は冬至の日の出の方位を、また北西の石獅子は夏至の日の入の方位と一致することである。また、南西の石獅子は冬至の日の入の方位を、西の石獅子は春分・秋分の日の入の方位と一致し、自然暦となっていることがわかる。これら以外の十基の石も、月や星座と関係するものとみられる。こうした自然暦となった環状列石をともなう紀元前の古墳は、武烈陵や聖徳王陵など数多く指摘することができる。

これらの風習が大陸から日本にもたらされ、その結果、縄文期の環状列石が造られるようになった可能性は否定できない。前方後円墳以前のこうした韓国の円墳にみられる環状列石が縄文期の墳墓に影響したとしても決して不自然ではないのだ。

伊勢神宮（三重）
――大和朝廷が着目した聖地

太陽の道

津田左右吉氏、丸山二郎氏、直木孝次郎氏らが論じているように、伊勢は古来太陽崇拝が盛んであった地であり、その聖地に大和朝廷が着目し、新たな皇祖神の地となったといわれる。『古事記』『日本書紀』によれば、三輪王朝を築いた第十代崇神天皇の代になってはじめて太陽神天照大神が祭祀される記事があらわれる。いうまでもなく天照大神は、現在の天皇の祖先といわれ、伊勢神宮の主祭神である。

『日本書紀』によれば崇神天皇六年、それまで天皇の住居に祀られていた天照大神を笠縫邑《かさぬいむら》に祀ったという。この笠縫邑こそが、三輪山西北の麓、笠縫に鎮座する檜原《ひばら》神社の地であるといわれる。

檜原神社は、かつては日原神社と記され、自然暦との関係を思わせる社で、特徴的な三ツ鳥居が建てられている。前に少し触れた通り、この三ツ鳥居には、春分・秋分、冬至・夏至の日の出を観測する機能をもつとする説がある（小川光三氏、前掲）。小川氏によれば、檜原神社から見て、春分・秋分の日没の方位に穴虫峠があり、また冬至の日没の方位に耳成山がぴったり位置するという。なお、『日本書紀』によれば、崇神天皇の次の垂仁天皇二十五年に、笠縫邑に祀られていた天照大神は、各地を転々とした結果、伊勢神宮に遷宮されたという。

伊勢神宮外宮

檜原神社の三ツ鳥居

地図上で、檜原神社と伊勢神宮が最初に祀られた斎宮跡を調べると、ぴったり東西関係になっていることがわかる。つまり、檜原神社から見て、春分・秋分の日の出の方位に斎宮跡が位置していることになる。この東西線を東あるいは西に延長すると、多数の古代遺跡が並ぶことから、小川光三氏は、その東西線を「太陽の道」と名付け、また水谷慶一氏はそれらに「日置氏」が関与したことを推測している。大変興味深い説であるといえよう。

この太陽の道の東端は、伊勢湾沖の神島で終わっているが、神島はゲーター祭と呼ばれる太陽をシンボライズさせた儀式が行なわれる島である。

『三輪大明神縁起』には次のように記されている。

御降臨之後、二所別御。於二大和国三輪山一者、大神大明神申、於二伊勢国神路山一者、申二皇太神一

つまり、大和の三輪山に天降って、大神大明神（大三輪大明神）となり、伊勢の神路山に降臨して皇太神（天照大神）になったと断言しているのであり、前述の『日本書紀』の記述とも一致する。そして、大三輪大明神を祀る檜原神社と元伊勢である斎宮跡が東西一直線上に並ぶのだ。

伝説を裏付ける

伊勢神宮は第十一代垂仁天皇の皇女・倭姫命《やまとひめのみこと》が、天照大神を祀る場所を探すために巡幸した末、垂仁天皇二五年、伊勢の五十鈴川上の現在の地に鎮座させたものといわれる。豊受大神を祀る外宮と、天照大神を祀る内宮があり、内宮を天皇家の始祖神として皇太神宮と呼ぶ。

伊勢神宮の遷地を行なったという倭姫命は、垂仁天皇二二年、現在の神山《かみやま》に飯野の高宮を置き、四年間そこですごしたといわれる。その宮跡が、神山のふもとにある神山神社であるとされ、倭姫命が櫛を落としたという櫛田川が付近を流れている。

この神山山頂から皇太神宮を見ると、夏至の日の出を望むことになる。つまり、皇太神宮から見て、神山に冬至の日が没するわけである。また、神山から皇太神宮への夏至の日の出の方位軸をさらに延長すると、海上に浮ぶ「日向島《ひなた》」（イルカ島）に達することがわかる。

さらに、皇太神宮から見て夏至の日の出の方位には、青峰山山頂がぴったり位置している。青峰山は標高三三六メートルの神奈備山として知られ、山頂には天平年間、聖武天皇の命で行基が開いたという正福寺があり、航海の守護として古来信仰を集めてきた。

一方、天照大神を最初に伊勢の地に祀ったといわれる伊勢斎宮跡から、冬至の日の出の方

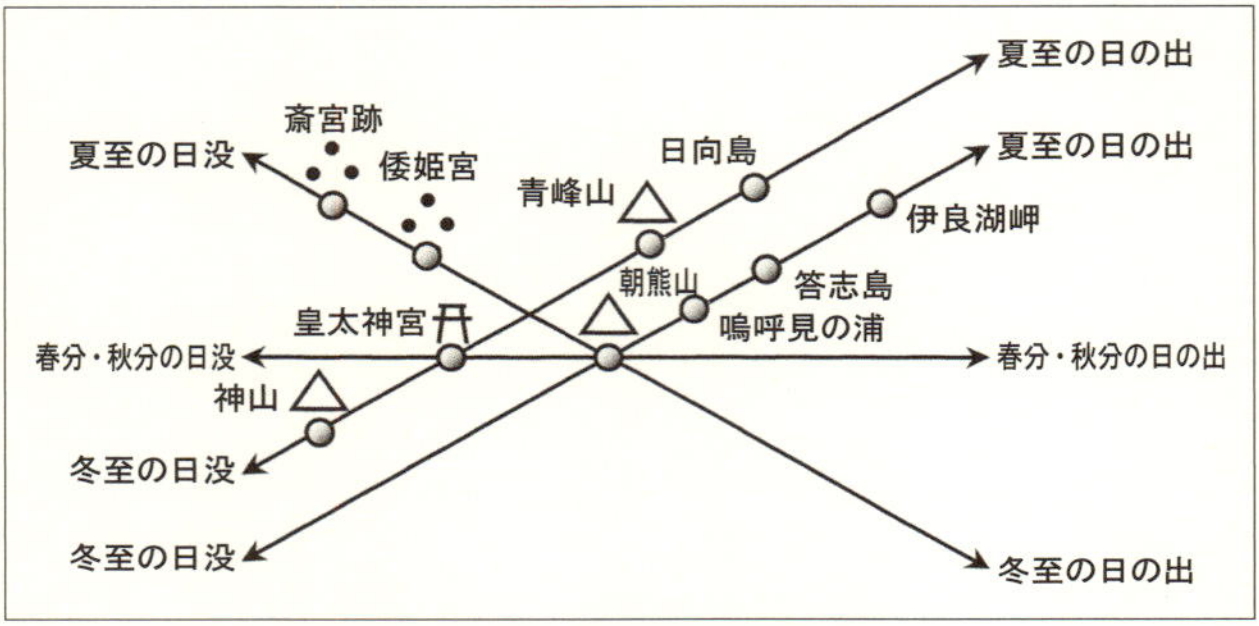

伊勢神宮周辺の自然暦

位を調べると、倭姫命を祀る皇太神宮別宮である倭姫宮を通過し、さらに標高五五三メートルの朝熊山山頂へ達することがわかる。倭姫宮は、大正十二年の創設であり、最近の鎮座であるが、倭姫命の御陵と伝えられる地に建てられており、伝説を裏付けるような自然暦を形成していることになる。

朝熊山は、弘法大師も修行した伊勢最大の霊場の一つである。伊勢神宮に流れる五十鈴川の水源でもあり、山頂には伊勢神宮の鬼門の守護といわれる金剛證寺があり、海人の信仰を集めてきた。寺には日の出に向かって礼拝する風習が残されており、自然暦に関係が深い。

細矢藤策氏（「国文学から見た日神信仰の方位」『縄文ランドスケープ』前掲所収）によれば、この朝熊山から夏至の日の出の方位に鳴呼見《あみ》の浦、答志島《とうしじま》の海岸、伊良湖岬《いらごみさき》が並び、これら三地名を柿本人麻呂が詠んだ歌が三首『万葉集』にあるという。

答志島の名称の語源は「冬至」島とされ、伊良湖岬側から見れば冬至の日没の方位に当たることと合致する。ちなみにこの島には横穴式の岩屋山古墳があることもこの際参考となろう。細矢氏（前掲）によれば、伊良湖岬には「日出ノ門」という洞穴があり、この洞穴に昇る初日の出を参拝する風習があるという。

この伊良湖岬周辺には、古代の遺構が多く、五世紀から七世紀にかけての十八基に及ぶ円墳の藤原古墳群が海岸付近にある。また縄文後期の伊川津遺跡や、東大寺瓦窯跡などが発掘されており、古代から聖地として重視されてきた地である。

注目すべき元伊勢の軸線

既に触れたように、天照大神が伊勢神宮に鎮座されるまでに八〇年以上の間、二〇ヶ所以上の地を転々とした。それらを「元伊勢」と呼ぶが、中でも丹波の元伊勢は他の元伊勢と事情を異にしている。

というのは、『日本書紀』によれば四八二年、雄略天皇の夢枕に天照大神が出現し、「丹波がなつかしい。豊受大神に会いたい」と告げたというのである。それを受けて丹波の元伊勢

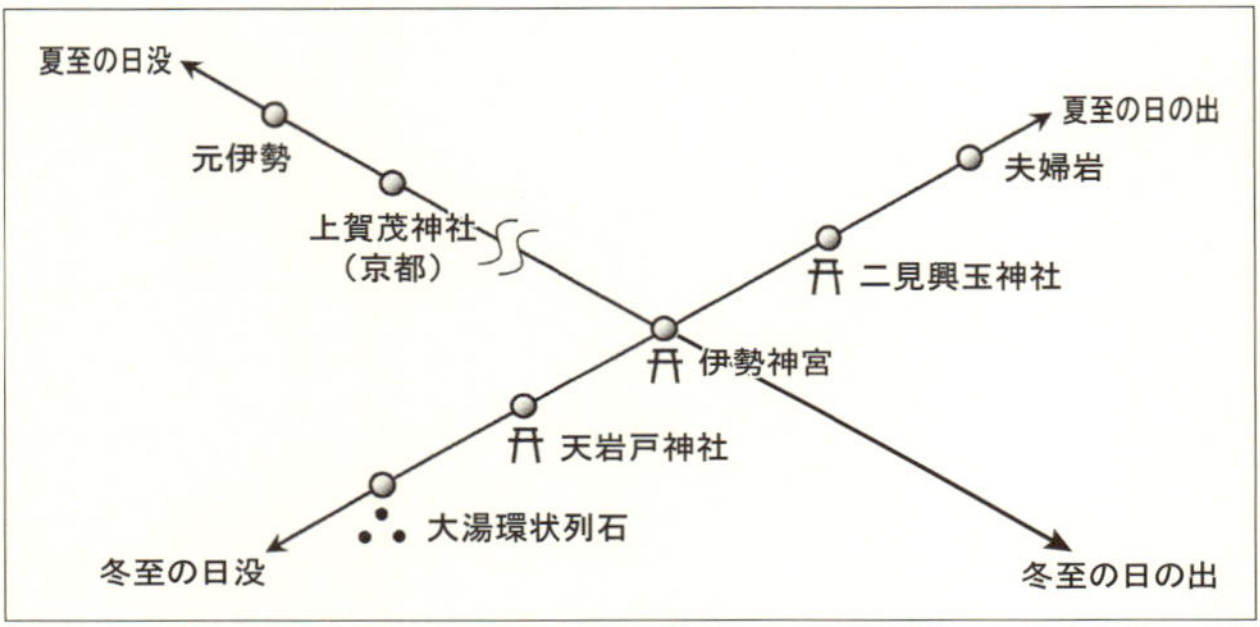

伊勢神宮を中心とした自然

の外宮にあたる豊受大神を伊勢神宮の外宮へ勧請《かんじょう》したという。

注目すべきは、この丹波の元伊勢から見て、冬至の日の出の方位に伊勢神宮が位置することである。しかもこれら二ヶ所を結ぶ軸線上には、京都の上賀茂神社がぴったり位置しているのである。

一方、伊勢神宮から見て、夏至の日の出の方位には、二《ふた》見興玉《みおきたま》神社が鎮座し、さらに軸線を延長すると、夫婦岩に達する。二見興玉神社は、天平年間に行基が創建したもので、伊勢の海中に浮かぶ夫婦岩の大小の岩の間に昇る「日の大神」と夫婦岩の沖合七〇〇メートルの海水に鎮まる猿田彦大神縁《ゆか》りの霊石「興玉神石《おきたましんせき》」を拝すために鎮座されたといわれる。現に夫婦岩の遥拝所《ようはいじょ》が境内に設けられている。また天岩屋も境内にある。夫婦岩の二つの岩のすき間にはしめ縄がかけられ、それを望むかたちで鳥居が設けられている。

これらの経緯からみて、伊勢神宮、二見興玉神社、夫婦岩が夏至の日の出軸線上に並ぶのは意図的な配置であるといってよいだろう。

さらに、伊勢神宮から見て、冬至の日没の方位には、天岩戸神社が鎮座し、さらに軸線を延長すると、大湯環状列石へと達することがわかる。天岩戸神社は元伊勢三社の一つに数えられる神社で、やはり偶然ではなく、意図的に配されたものだろう。

伊勢のルーツ

伊邪那岐《いざなぎ》と伊邪那美《いざなみ》の国生み神話は有名である。『古事記』によれば二柱の神が国生みを行ない、最初に生んだのが淡道之穂之狭別島《あわじのほのさわけのしま》、すなわち淡路島であったという。続いて四国、隠岐、九州、壱岐、対馬、佐渡、本州と大八島《おおやしま》が造られたといわれる。

一方、伊邪那岐神が病で崩じると幽宮《かくりのみや》を淡路に造り、そこへ永久に隠れたと『日本書紀』は述べる。その地が、淡路一の宮の伊弉諾神社であるという。伊邪那岐神は、前述の伊勢神宮に祀られる天照大神の父にあたるといわれ、いわば伊勢のルーツにあたる存在である。

伊弉諾神社の神門の手前には、巨大な日時計が現在置かれているが、そこに、この神社を中心とした自然暦が説明されている。その説明に従って以下、整理してみよう。

まず、伊弉諾神社の春分・秋分の日の出の方位には伊勢神宮内宮、日没の方位には対馬海神神社が位置するという。また夏至の日の出の方位には、諏訪神社、日没の方位には日御碕神社と出雲大社が位置するという。

さらに冬至の日没の方位には、高千穂神社と天岩戸神社、日の出の方位には熊野那智神社が位置するといわれる。その他、真北には出石《いずし》神社、真南には諭鶴羽《ゆづるは》神社が位置するという。伊弉諾神社はそれらを結ぶ要のような位置に鎮座されているのだ。

前述の通り、天照大神の父にあたるのが伊邪那岐神である。また、天照大神を祀る伊勢神宮と伊邪那岐神を祀る伊弉諾神社は、正確に東西線上で結ばれている。いいかえれば、伊弉諾神社から見て、伊勢神宮内宮の方位から春分・秋分の太陽が昇ることになる。

それぞれの成り立ちから考えて、この関係も偶然とは考えにくい。

日吉大社（滋賀）
――北斗七星思想

三つの神は同一

六六七年、天智天皇が皇居を琵琶湖の西岸、大津へ遷都するに際し、伊勢神宮と同様、檜原神社に祀られていた天皇の守護神「三輪明神」を大津の日吉大社へ勧請したという。日吉大社には本殿が東本宮と西本宮の二ヶ所あるのも、産土神を東本宮として祀っていたところへ、三輪明神を西本宮として移したためであるといわれる。

これらは『溪嵐拾葉集』や『延暦寺護国縁起』、『日吉山王新記』などに記された次の一文が根拠となっている。

天智天皇大津宮即位元年、大比叡神顕坐

天智天皇は六六七年に大津宮に遷都し、翌年ここで天皇に即位したという。そしてその即位の年に檜原神社の神を日吉大社へ移したとみられる。

以上をまとめれば、檜原神社の神が伊勢神宮と日吉大社にそれぞれ移されたことになり、三つの神は同一ということになる。ということは、日吉大社の神は、天皇の祖先、天照大神と同一ということになり、それゆえ、皇祖神として天智天皇の大津宮の守護神たりえたとみられる。現に『天台座主記』には、日吉大社への

日吉大社東本宮

皇族の行幸が数多く、一〇七一年から一二六六年までの約二〇〇年間において天皇行幸一二回、上皇御幸三五回、女院御幸二回、中宮行啓一回を数える。日吉大社が実際に皇祖神として崇拝されていたことが明らかであろう。

注目すべきは地図上で、檜原神社の真北に日吉大社が位置していることだろう。

つまり、伊勢神宮は檜原神社の真東へ、日吉大社は真北へ勧請したことになり、檜原神社の位置を元に極めて計画的に遷地されたことがうかがえるのである。

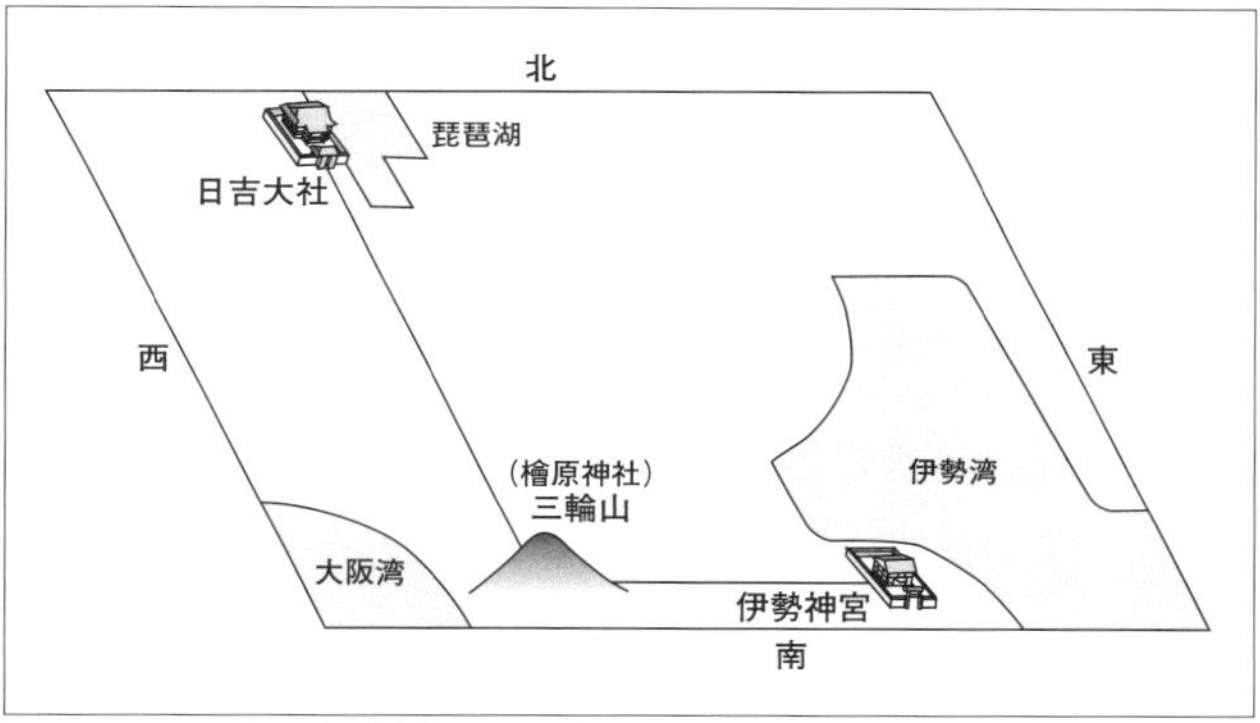

檜原神社・日吉大社・伊勢神宮配置概念図

北斗七星配置

日吉大社の最大の特徴の一つは、北斗七星思想の影響を強く受けていることである。いうまでもなく、北斗七星とは真北に位置し、動かぬ北極星を中心としてひしゃく型に連なる星が周囲を巡る星座である。七〇〇年代前半に、密教僧らがインドから経典を持ち帰り、翻訳した書物の一つに『北斗七星護摩秘要儀軌』があり、これは北斗七星を用いて悪霊退散を行なう法が著わされたものだった。

また、その後の密教の流派、小野流の秘伝書である『玄《げん》韻《いん》宿《しゅく》曜《よう》経《きょう》』『七曜星辰別行法』『恵什抄』『証師記』などにも北斗七星を中心に配置した曼荼羅が示され、鎮魂に用いられたといわれる。

この北斗七星の七という数字は、古来より東西を問わず聖なる数字として尊ばれてきたことはいうまでもない。西洋ではラッキーセブンとして幸運の数字といわれ、東洋でも「七福神」「七賢人」として縁起のよい数字とされている。日本では、「七草がゆ」「七味唐がらし」といって用いることがある。

神道や仏教に影響を与えた陰陽道においても、七は鎮魂、浄化の数字として広く用いられた。例えば、日本各地の伝説にある「七つ墓」とか「七人塚」がそれにあたる。そこに埋められているのは、惨死、刑死、客死、自害などいずれも非業の死をとげた者であり、その霊の跳梁を防ぐため、七つの墓を築き、聖なる数字「七」によってこれを浄化したといわれる。第一章で触れた平将門公の七つの塚もその一例である。

また北斗七星は、北極星の周囲を巡るので、それを守る役割があると考えられてきた。北極星は、古代より帝王を指し、七という聖数によって魔物を封じるとともに、帝王を守る、といった二重の意味を北斗七星はもっていたのである。

平城京を造った際、その手本となった唐の都・長安は、その南北の端が非常に不規則な形をしているが、実はこれは北斗七星と南斗六星をかたどっているといわれる。つまり、体現する北斗七星と南斗六星を下界に下ろしてきて、それに対応するような都市を地上に造り、その中心には北極星に対応する皇帝が君臨したというのだ。

もうひとつの軸線

このような北斗七星思想が日吉大社にも応用されたふしがある。

すなわち、社殿がそれぞれ山王七社（西本宮、八王子山、三宮宮、宇佐宮、白山宮、樹下宮、東本宮）、中七社（大物忌神社、御子神社、新物忌神社、八柱社、早尾神社、産屋神社、宇佐若宮）、下七社（樹下若宮、大宮竈殿社、二宮竈殿社、氏神社、巌滝社、剣宮社、気比社）と、すべて北斗七星に対比させた本社、摂社、末社からなり、総じて「山王二十一社」と称している。また、この社の例祭である「日吉山王祭」では、七基の神輿がかつぎ出されるのだが、これも北斗七星に対応されているといわれる。

この日吉大社の山王七社について『山家要略記』には慈慧大師の『御遺告』として次のように載せている。


有レ陽名二北斗七星一、有レ陰名二山王七神一

つまり、陽＝天においては日吉大社は北斗七星であり、陰＝地においては山王七社である

と説いたというのであり、これに応じて、現在の山王七社が造られることになったとみられる。また、『山家要略記』は、『三宝住持集』を引用して「正仰㆓三宝冥助㆒、傍祈㆓七明神㆒」と説き、その七明神は「北斗七星如㆑在㆓影向㆒」という存在だとする。このような七星と七社の対応については、『溪嵐拾葉集』にも「在㆑天名㆒七星㆓、在㆑地号㆒七社明神㆓」と明確に記されているのである。

山王七社がそろって史料にあらわれるのは、菅原信海氏によれば、『耀天記』の中の一一四〇年頃に著わされた「山王事」であるという。すなわち、「七社権現」として七社の名があらわれるというのである。

それでは、なぜかくも北斗七星にこだわるのかといえば、「山王曼荼羅」と呼ばれる天台宗の神道論の根本原理「山王一実神道」を図像化したものに、山王七社の神影像と三つの僧形の権現が描かれているからに他ならない。日吉大社は、天台宗の総本山、比叡山の「ひえ」をとって、もとは日吉（ひえ）大社と呼ばれ、比叡山の守護神としての性格をもつ。つまり、天台宗の神道論の根本が北斗七星に関係するために、日吉大社も北斗七星を重視したものとみられる。

注目すべきは、日吉大社の東本宮と西本宮が北斗七星型配置の一つずつであるだけではなく、さらに両者が東西線上に並んでいることであろう。現在の社殿は、豊臣秀吉によって再建されたものであるが、再建以前の配置はどうであったかというと、「日吉社頭絵図」（村上郷土資料館蔵）によれば、八王子山頂、樹下神社、比叡辻なども東西線上に並んでいることから、再建前より意図的に東西に並んで配されていたことが確認できるのだ。

これらの配置の意味を推察するならば、天智天皇によって、西本宮へ朝廷の守護神を配置されることにより、東本宮は従来の単なる産土神から天皇の守護神として再生したものといえるだろう。

日吉大社の「日吉」を古くは「日枝」とも書いたが、どちらにしてもその名称が太陽崇拝を背景にしたものであることは明らかである。よって西本宮と東本宮の東西線も、太陽の運行軸を再生術へ応用したものと考えても決して不自然ではない。

後述する通り、日吉大社の東西線は、徳川家康の神への再生にも応用されるのである。

第四章　氏族の守護神

春日大社（奈良）

――伝えられた配置

藤原氏の氏神

『大鏡』によれば、藤原鎌足は鹿島神宮を崇拝していたが、やがて大和の地にこれを移し、春日神社と名づけ、藤原氏の氏神としたという。鎌足の死後、その子藤原不比等《ふひと》が右大臣となり、またその弟武智麿《むちまろ》も右大臣となった。さらに不比等の子永手《ながて》が右大臣となると、遂に鹿島信仰は春日神社創建というかたちで大和の中枢へもたらされたのである。

七六七年、鹿島神宮の大宮司は、御分霊を神鹿の背にのせ、鹿島を出発、約一年かかって、七六八年六月二十一日、ようやく奈良に到着したという。また、同年十一月には香取神宮からも主祭神を勧請《かんじよう》して第二殿としている。

現在、香取神宮の近くに鹿を供養する塚があるが、鹿島ではその名の通り、もともと野生の鹿が生息し、神の使いとされてきた。古くは香島といった地名が七二三年ころから鹿島と書くようになったのは、こうした縁による。鹿島神宮や香取神宮には今でも鹿園があるのも、こうした経緯による。

春日大社や根津美術館に現存する「春日曼荼羅《まんだら》」と呼ばれる絵図を見ると、鹿の背に榊があり、その上に丸い神鏡が描かれているが、おそらくこうした姿で鹿島から奈良へ御分霊を運んだのではないだろうか。その鹿の足跡は、東京都江戸川区の鹿骨《ししぼね》をはじめ、東海道に沿って三重県名張まで点々と残っている。現在、奈良公園や春日大社付近に、多数の鹿が放牧されているが、それらの鹿の発祥ははるか鹿島からもたらされたわけである。

また、今日長旅に出ることを「鹿島立ち」というのも鹿の長旅を所以とする。鹿島神宮が交通安全の神と仰がれるのもそうした理由であろう。

春日大社楼門

三輪山周辺と酷似する

このように鹿島神宮を藤原氏の氏神として大和に移したのが

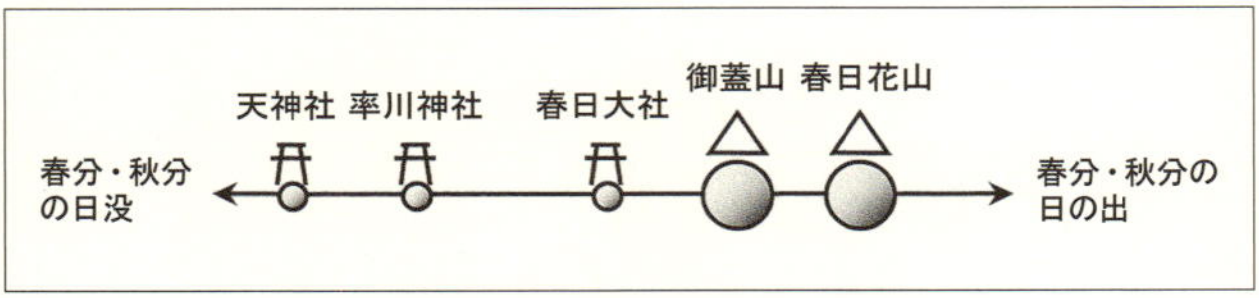

春日大社を中心とした自然暦

春日神社であり、後に春日大社と呼ばれるようになった。鹿島神宮の自然暦も同時に伝えられたとみられ、春日大社にも同様のしくみを指摘することができる。

というのは、春日大社の背後の真東には御蓋《みかさ》山、そして春日花山が位置しており、春分・秋分の日の出を大社から望むしくみをもっているからである。春日大社に伝わる「春日曼荼羅」を見ると、春日大社の背後に描かれた山に太陽が昇る景色が描かれており、古来、春分・秋分の日の出を望むことが認識されてきたことが確認できる。「春日」という名称も春分の日の出から命名されたものとみてよいだろう。

前に触れた三輪山とこの御蓋山の祭祀形態にも共通性が認められる。三輪山からの春分・秋分の日の出を望む位置に、春日神社及び多《おお》神社（元春日宮）が位置するのと同様に、御蓋山からの春分・秋分の日没を望む位置に、春日大社及び率川《いさがわ》神社、さらに天神社が位置するのである。

率川神社は現在は大神《おおみわ》神社の摂社で、正式には率川《いさがわ》坐《にいます》大神《おおみわ》御《み》子《この》神社といい、主祭神は大神神社と同じく大物主神《おおものぬしのかみ》である。社伝によれば、五九三年の創建で、明治時代までは春日大社の摂社であったという。かつては春日大社の二十一年に一度の造替の際、この社も造替したといわれ、両者は極めて関係が深い。

この率川神社付近には、御蓋山からわき出る霊水・率川が流れ、ここで禊《みそ》ぎを行なったという。三輪山の場合も春日神社付近に霊水・狭井《さい》川が流れ、どちらも神体山からわき出る水で禊ぎをするための聖地である点が一致している。率川はもと「狭井川」と呼ばれたといわれ、川の名称まで同一であったことがわかる。

また、三輪山の付近には「茅原《ちはら》」という地名が残るが、これは疫病がはやった際、崇神天皇が八百万《やおよろず》の神々を集めて祭祀を行なった「神浅茅原《かむあさちはら》」であるといわれる。じつは春日大社付近にも「浅茅ケ原《あさちがはら》」の地名が残るのである。

三輪山は別名「笠縫《かさぬい》山」と呼ばれるが、御蓋と笠縫、率川（元狭井川）と狭井川、浅茅ケ原と茅原、春日大社と春日神社等々、その祭祀者や祭神の配置関係だけでなく名称も酷似していることになる。

厳島神社（広島）
――神社建築にない配置

平家の守護神

厳島神社は瀬戸内海に浮ぶ宮島の入江の海上に建つ古社である。社伝によれば五九三年、佐伯鞍職《くらもと》によって創建され、宗像《むなかた》三女神を祀ったという。

宮島は、元来神の島として瀬戸内の漁師や船乗りに崇拝されてきた。『日本後紀』によれば八一一年、「伊都岐島神《いつきしまのかみ》」が名神大社として官幣にあずかったといい、これが史料上の初見である。

十二世紀には、平家の崇敬をうけて発展、中でも平清盛は厳島神社を平家の守護神として位置づけ、今日の姿に近い寝殿造の社殿が海上に造営された。しかし、宮島は台風の通過しやすい位置にあり、また瀬戸内が海上交通の要衝であることから、戦火にあうことが多く、

厳島神社

次の通り数回にわたって炎上、大破、老朽化のために造り替えられている。

一一六八（仁安三）年　造営
一二〇七（建永二）年　炎上
一二〇八（承元二）年　上棟
一二一五（建保三）年　遷宮
一二二三（貞応二）年　炎上
一二三六（嘉禎二）年　上棟
一二四一（仁治二）年　遷宮
一四五〇（宝徳二）年　社頭大破
一五七一（元亀二）年　造替

現在の社殿は、一五七一年の領主毛利元就、隆元らによる造替の姿を今に伝えたものだが、今日も大風が通過するたび、破壊された箇所を忠実に再現して受けつがれている。

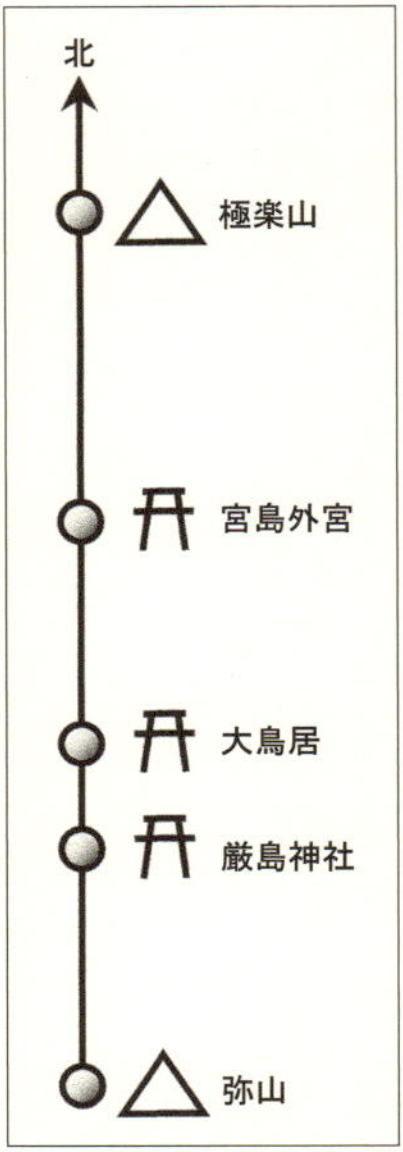

厳島神社と南北線

一九九六年、ユネスコの世界文化遺産に登録された。

地図上でその位置を確認してみると興味深いことに気づく。すなわち、厳島神社本殿の軸線を背後の真南へ延長すると標高五二九・八メートルの弥山山頂にぴったり達するのである。また、本殿の軸線を真北へ延長すると、大鳥居を通過した後、対岸の宮島外宮を通過、さらに極楽山山頂へと達する。すなわち、北から南へ極楽山、宮島外宮、大鳥居、厳島神社、弥山が一直線に並ぶことになる。これらの関係は、偶然とは考えにくく、おそらく山岳信仰から、意図的に配されたものといってよいだろう。

パースペクティヴのしくみ

厳島神社の神殿について、さらに注目すべきは、前述の軸線を強調するための仕掛けが施されていることである。

本殿の大鳥居へ向かう軸線方向の柱間を観察すると、等差数列による一定の法則で徐々に短くなっていることに気づく。これは朱色の大鳥居をアイ・ストップとして眺めると距離感が実際より強調されて見えるパースペクティヴのしくみである。

しかもこのパースペクティヴの効果をさらに高めるために、拝殿から祓殿にかけて天井高がなだらかに低くなっているのも興味深い。また、拝殿から大鳥居側へ床の板の幅が徐々に狭くなっていくのもパースペクティヴの効果をより高める仕掛けといってよいだろう。

柱間にパースペクティヴのしくみが

さらに同様の視点から本殿全体の平面形状を観察すると、本殿から拝殿、祓殿、高舞台、平舞台、舌先と徐々に幅が狭くなり、パースペクティヴを強調していることがわかる。この他、本殿から高舞台への光の分布を調べると徐々に明るくなっていることがわかり、これも空気遠近法といって、パースペクティヴを強調する手法である。

一方、本殿の正面が菱格子戸となっているのもパースペクティヴの効果の強調であろう。つまり、通常神社の本殿正面の扉は板戸で、扉を開けずに中を見ることはできないのだが、厳島神社の本殿前扉は格子状で透けて中が見える珍しいものである。その結果、本殿内部をずっと奥まで見通すことができ、前述の数々のパースペクティヴの効果をさらに引き立たせるかたちとなっている。

このような軸線を視覚的に強調するパースペクティヴのしくみをもつことによって、極楽山、宮島外宮、大鳥居、厳島神社、弥山が一直線に並ぶといったコンセプトを明快に表現しようとしたのではないだろうか。

「縄張り」

これらの軸線強化のしくみの他、厳島神社の全体配置についても、ある興味深いしくみを観察することができる。

まず、本殿の中心軸を北へ延長すると、一五六一年に毛利元就、隆元父子によって再建された大鳥居を通過するが、この軸線をAとする。次に、一五八七年に関白豊臣秀吉が建立したといわれる千畳閣の北辺を延長すると、やはり大鳥居を通過するが、この軸線をBとする。さらに建立年代ははっきりしないが、厳島神社の願主、大願寺の社殿の西辺を延長すると、

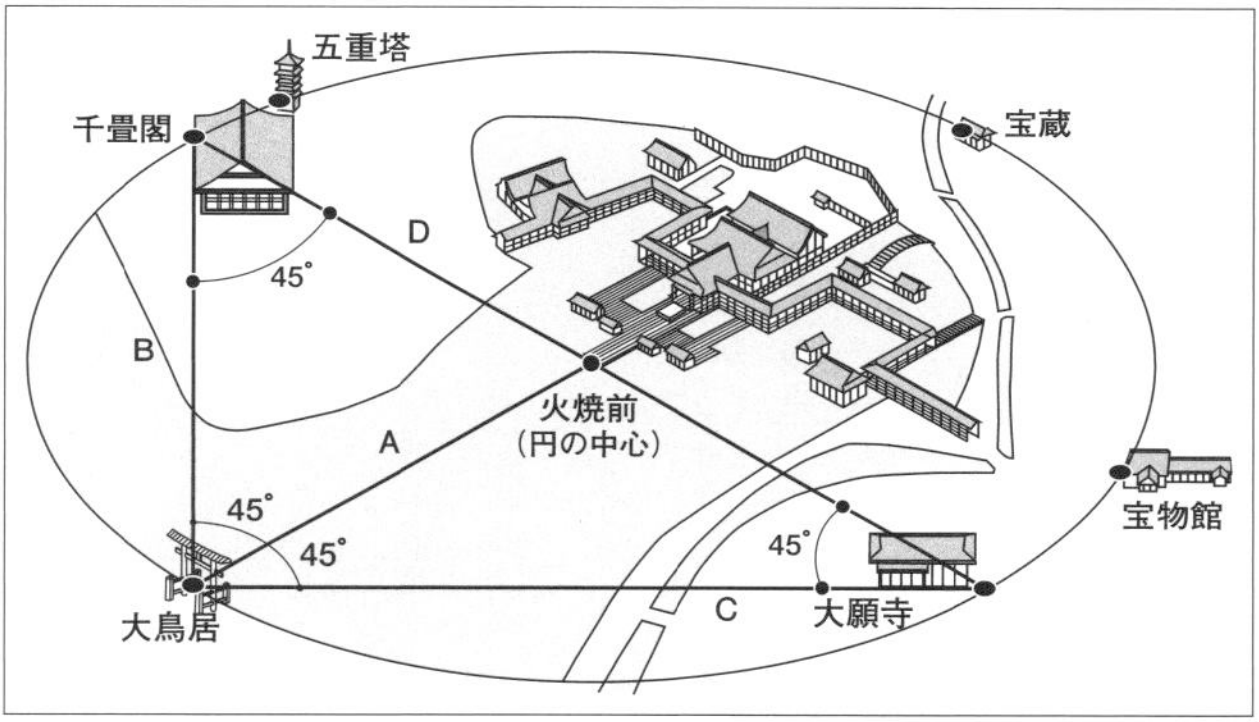

厳島神社配置図における幾何学の指摘

同様に鳥居を通過するが、この軸線をＣとする。
そして、本殿舌先で軸線Ａと垂直に交差した軸線Ｄを引くと、くしくも千畳閣と大願寺の建物端を通過することがわかる。また、これらの軸線どうしの角度をみるとＡＢ、ＡＣそれぞれが四十五度になっている。さらに、厳島神社の火焼前《ひたさき》を中心に円を描くと、大鳥居、千畳閣、五重塔、宝蔵、宝物館、大願寺がすべて内接することがわかり、これらは偶然の一致とは考えにくく、意図的に「縄張り」として計画されたものとみてよいだろう。

　これらの建築技術は、日本の神社建築にはほとんど例がみられない。

　瀬戸内海が国外から都へむかう際の安定した水上交通路であったことから、あるいは海外からもたらされた技術が応用されたものかもしれない。

京都の古社群
——秦氏一族との関連

賀茂氏と秦氏

現在の京都の原形である平安京は、七九四年、桓武天皇によって遷都された。同年十一月八日に「山背」を「山城」に改名した際、平安京と命名されたが、この日付は冬至にほぼ近く、自然暦との関連をにおわせる。そうした視点から京都の古社の配置を調べると、興味深いことに気づかされる。

まず平安京の宮城の置かれた内裏から見て、夏至の日の出の方位には賀茂御祖《かもみおや》神社、通称下鴨神社が位置している。この社は、古代豪族賀茂氏の氏神を祀っており、平安遷都以来、王城の守護神としてあがめられてきた。また、この夏至の日の出の軸線をさらに延長すると、比叡山へ達する。『叡岳要記』によれば、桓武天皇は平安遷都の際、唐から帰国した留学僧・最澄を比叡山へ送り、一乗止観院、のちの延暦寺を建立させている。そして、都で災事が起こるたびに、この比叡山で悪鬼調伏《ちょうぶく》の祈禱が行なわれたという。

比叡山はかつて「日枝山《ひえ》」と呼ばれ、山の守護神である日吉《ひよし》大社もかつては「ひえ」大社と発音した。これらの名称からもわかる通り、古来太陽信仰が盛んであったといわれ、内裏から見て夏至の日の出の方位にあるのも、偶然ではないだろう。

下鴨神社神門

次に、内裏の夏至の日の出の方位と正反対の方位、冬至の日没の方位を見ると、木嶋坐天照御魂《このしまにいますあまてるみたま》神社がぴったり位置していることがわかる。社の由緒書によれば、前述の賀茂御祖神社の鎮座地「糺《ただす》」の名は、この地から移したものという。

通称「蚕の社」と呼ばれ、『続日本紀』の七〇一年の条にすでに神社名がある古社である。その正式名からわかる通り太陽神（天照命《あまてらすのみこと》）を祀っていることから見て、自然暦を形成することも決して偶然ではない。後に述べる通り、この神社の「三柱鳥居」という珍しい鳥居がさらに自然暦を形成することからも、自然暦の拠点の一つといってよいだろう。

この神社のある嵯峨野一帯は、古墳時代に朝鮮半島から渡来し、養蚕の技術を日本にもたらしたことで知られる秦《はた》一族の本拠地である。この蚕の社も秦氏によってここに鎮座されたものである。「はた織り」の「はた」は秦氏のことなのである。

「扶桑」というのは、大陸では日本を意味し、日の出の地をあらわす。太陽と桑（蚕・絹）とは関係が深く、天照大神がはた織りをしたという伝説もこれに関係するという。絹は英語でSilk、豪古語でSirkek、満州語でSirgeだが、すべて新羅を語源とするという。

内裏の冬至の日没の方位軸をさらに延長すると、松尾大社に達することがわかる。松尾大社は、木嶋坐天照御魂神社を創建したのと同じく秦氏によって氏神として七〇一年に鎮座されたものである。興味深いのは、大山咋神《おおやまくいのかみ》を祭神とすることであり、前に触れた日吉大社の祭神と同一であり、かつ賀茂別雷神《かもわけいかずちのかみ》の父神であり賀茂氏と関係が深い。

つまり比叡山、下鴨神社、木嶋坐天照御魂神社、松尾大社は一直線上に並ぶ上、相互に関係をもつことがわかり、意図的に配された可能性が極めて高いといえよう。

背後の標高二二三メートルの松尾山は、山頂に磐座《いわくら》をもつ神奈備《かむなび》山で、古くは「日埼峯」と呼ばれた太陽信仰の聖地で、その神霊を勧請したのが松尾大社の起こりといわれ、下鴨神社と並んで皇城鎮護の社とされた。内裏の夏至の日の出の方位と、冬至の日没の方位にそれ

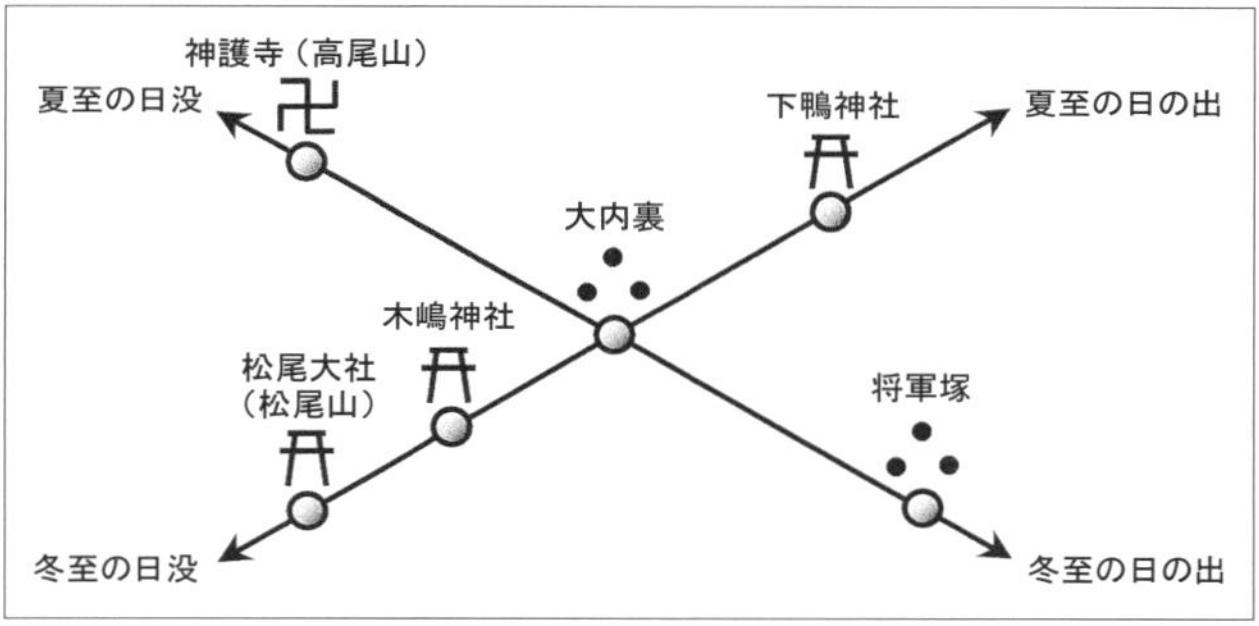

大内裏を中心とした自然暦

ぞれ皇城鎮護の社が配されていることになる。

それでは、内裏の冬至の日の出の方位には何があるかといえば、将軍塚がぴったり位置する。将軍塚は桓武天皇が平安遷都の際、やはり皇城鎮護のために将軍・坂上田村麻呂の墓を守護神として祀ったものといわれる。『田邑麻呂伝説』では、埋葬された彼の遺骸は甲冑《かっちゅう》に身を固め、太刀をつけ、弓矢を持ち、仁王立ちしているという。

一方、内裏の夏至の日没の方位には、神護寺が位置することがわかる。神護寺は高尾山山頂にある京都で最も古い寺院の一つであり、古代の豪族・和気《わけ》氏の私寺である神願寺と高尾山寺を合併させ桓武天皇の勅願により額が与えられた定額寺として神護国祚《こくそ》真言寺と命名されたものである。平安仏教発祥の寺として知られ、最澄も入唐前に灌頂《かんじょう》を行なっている。また空海が住持を務めたことでも著名である。

三柱鳥居の意味

今触れた木嶋坐天照御魂神社には、奇妙な形の三柱鳥居がある。「元糺の池」と呼ばれる涌水の中に立つ三本足の鳥居であり、三つの鳥居を組み合わせたようなしくみをもつ。古来、この鳥居の意味については謎とされてきた。太陽祭祀に関わる大神神社や檜原神社は三ツ鳥居を持ち、これを折り畳めば三柱鳥居になる。両者には関係があるのだろうか。鳥居が水の中に立つ例は、鹿島神宮や香取神宮などにも見られるが、三柱鳥居は果して何を意味するのだろうか。

木嶋神社の三柱鳥居の意味は

三柱鳥居を構成する三つの鳥居のうちの二つは、それぞれあともう一つの鳥居も真南を向くことに注目したい。まず夏至の日の出没の方位を示し、前述の比叡山山頂である標高八四八メートルの四明岳《しめいだけ》に達するのである。比叡山が日枝山として太陽信仰の山であったことはすでに触れた通りである。なお、この軸線を一八〇度反対方向へ延長すれば、三柱鳥居の柱の一つを通過して、やはり前述の松尾大社、そしてその背後の松尾山山頂に達することがわかる。

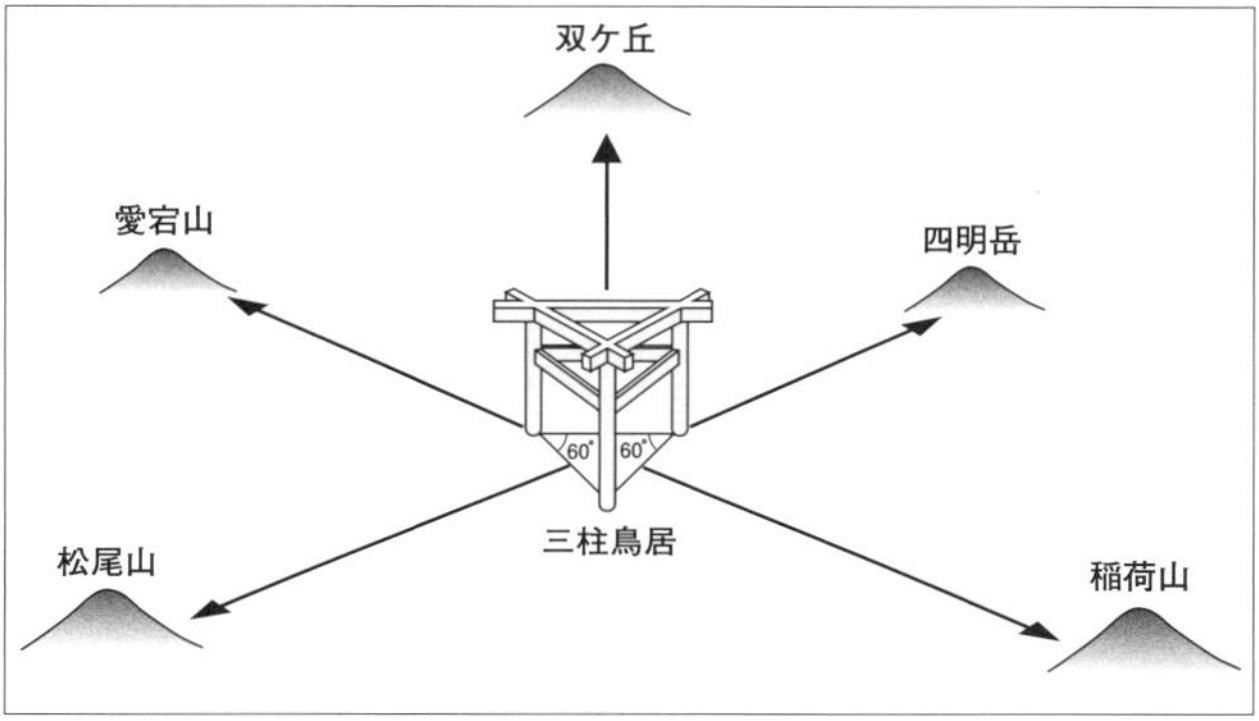

三柱鳥居と周囲の山との関係

次に夏至の日没の方位を向く鳥居の軸線を延長すると、標高九二四メートルの愛宕《あたご》山山頂に達することがわかる。この山頂には古代からの修験道の霊場として有名な愛宕神社が鎮座する。なお、この軸線を一八〇度反対方向へ延長すれば、やはり三柱鳥居の柱の一つを通過して、伏見稲荷大社そしてその背後の稲荷山山頂に達することがわかる。伏見稲荷大社は、松尾大社や木嶋坐天照御魂神社を創建した秦一族が七一一年に創建したものであり、秦氏に関する遺構ばかりが自然暦を形成していることから偶然ではなく、意図的にこの地に鎮座されたといってよいだろう。

さらにあともう一つの真南を向く鳥居の軸線を一八〇度反対の裏側へ延長すると、三柱鳥居の柱の一つを通過して、標高一一六メートルの双《ならび》ケ丘に達することがわかる。妙心寺の西、仁和寺の南方に位置する丘陵であるが、丘の頂上には古墳時代である六世紀末から七世紀初め頃の豪族首長の墓が四四基集中して造られている。この他にも二ヶ所の同時期群集墓が付近にあり、すべて秦一族の古墳群であるという。

これも偶然とは考えにくく、三柱鳥居は、秦一族に関係する遺構を自然暦として記録するための一つの装置であるといってよいのではないだろうか。

京都の風物詩のルーツ

京都の夏をいろどる風物詩の一つに五山送り火がある。毎年八月十六日午後八時から、京都盆地周辺の山に「大」「妙」「法」の文字や鳥居、船をかたどった火が次々につけられる。祖先の霊を供養する「精霊供養《しょうりょうくよう》」の意味をもつお盆の行事の一つで、葵祭《あおい》、祇園祭、時代祭といった京都三大祭にこの五山送り火を加え、京都四大行事と称される。

東山如意ケ嶽の「大文字」が最もよく知られており、五山送り火の代名詞にもなっている。江戸時代後期には、市原野の「い」、鳴滝の「一」、観音村の「長刀」、北嵯峨の「蛇」、西山の「竹の先に鈴」といった文字や図をかたどった火もあったが、すぐに途絶えたといわれる。

「大」の文字は、左大文字と右大文字の二つがあり、右大文字は京都市東部の大文字山に点火され、山麓には慈照《じしょう》（銀閣）寺、法然院《ほうねんいん》の名刹が連なる。右大文字の起源には大きく分けて次の三つの説がある。

1　平安初期に空海（弘法大師）が始めたとする説。大文字山麓にあった浄土寺が炎上した時に阿弥陀如来が光をはなち飛び去ったことにちなみ、実施したというもの。

2　室町中期に将軍足利義政が始めたとする説。一四八九年、近江の合戦で亡くなった義政の子・義尚《よしひさ》の供養のために行なったというもの。

3　江戸初期に関白近衛信尹《のぶただ》が始めたという説。一六六二年の『案内者』に「大文字は三《さん》藐《みゃく》院殿（信尹）の筆画にて」と記されていることが根拠。信尹は当代の三筆といわれた能書家。

なお、左大文字は『案内者』に記述がないため、一六六二年以降に始められたものとみられる。次に「妙」の文字は松ケ崎西山に点火され、鎌倉時代末に、日蓮宗の僧、日像が始めたといわれる。また「法」の文字は松ケ崎東山に点火され、近世初期に始まったと伝えられている。さらに船形は明見山に点火され、西方寺の開祖・慈覚大師が八四七年、遣唐使として無事帰国できたことから、乗っていた船をかたどって始められたという。その他、鳥居形は、水尾山に点火され、右大文字と同じく弘法大師によって始められたといい、愛宕神社で石仏千体を刻み開眼供養を営んだ時に点火されたものといわれる。

これらの送り火の中で比較的古くから行なわれている右大文字、船形、妙の文字の三つについてここでは注目したい。

まず船岡山山頂から見て、夏至の日の出の方位に、妙の文字のある西山山頂が位置することがわかる。船岡山は、平安京の中心軸の真北に位置し、平安遷都の基準となった山で、四《し》神《じん》相応の玄武にあたる。山頂には磐座があり、神奈備山として崇拝されてきた聖山である。

また、この船岡山山頂から見て春分・秋分の日の出の方位である真東には、加茂御祖神社、すなわち下鴨神社がぴったり位置し、さらに春分・秋分の日の出の軸線を東へ延長すると標高三〇二メートルの瓜生山《うりゆう》に達することがわかる。下鴨神社は前述の通り、平安遷都以前からの豪族賀茂一族の守護神であり、王城鎮護の古社として、数多くの自然暦の構成要素となっている。また瓜生山は山頂に同じく王城鎮護の社として知られる狸谷《たぬきだに》不動院の奥の院がある神奈備山の一つで、やはり山頂付近に磐座がある。

一方、下鴨神社から見て、冬至の日の出の方位に右大文字のある大文字山山頂がぴったり位置しているのが興味深い。また瓜生山から見て夏至の日没の方位に賀茂別雷神社、すなわち上賀茂神社がぴったり位置し、さらに軸線を延長すると、なんと船の文字のある明見山山

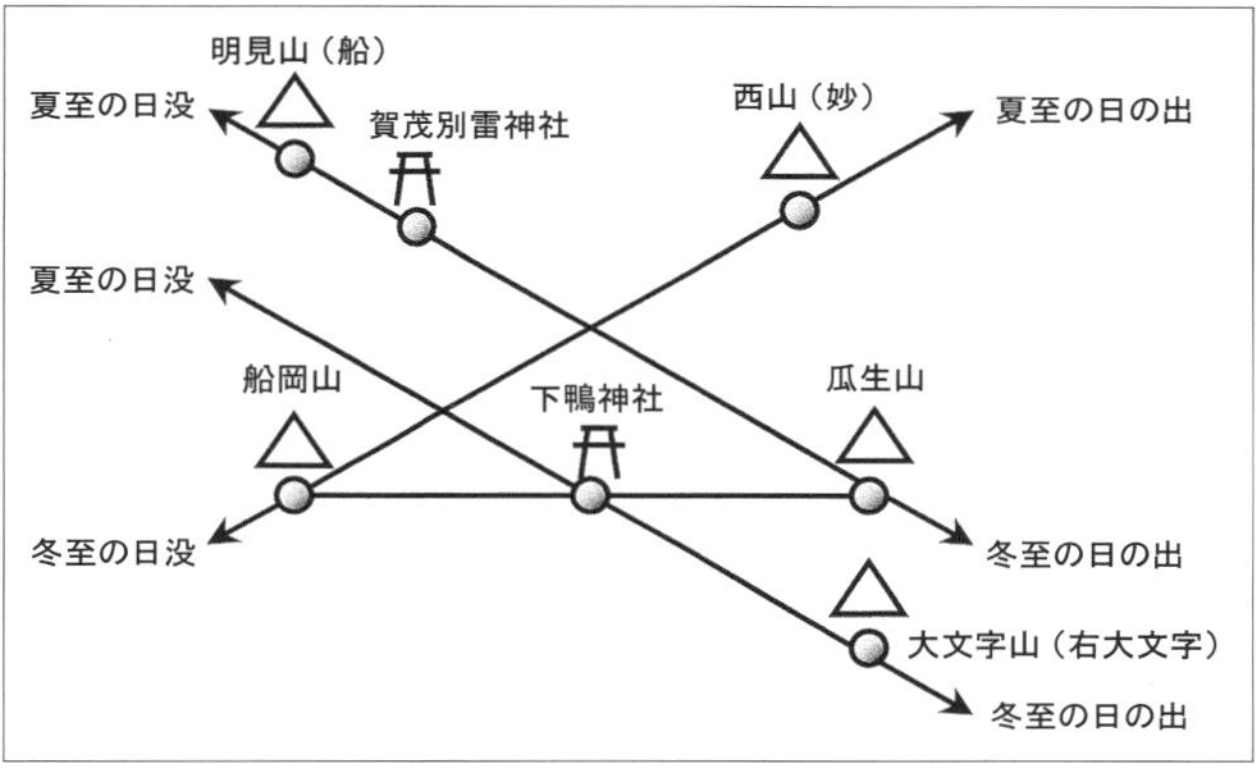

大文字焼を中心とした自然暦

頂に達するのである。

つまり、上下両神社が五山送り火に自然暦の構成要素として深く関係していることがわかる。一説に五山送り火は、朝鮮から伝えられた焼畑農業をルーツとする行事であったとされ、平安京が開かれる前にこの盆地を開拓した豪族賀茂一族によって始められた可能性が指摘できるのである。

天照大神の弟神と秦一族

前述の松尾大社から約五〇〇メートルの場所に、葛野坐月読《かどのにいますつきよみ》神社、通称月読神社が鎮座している。『日本書紀』には天照大神の弟神・月読命が降り立った地と述べられる。

松尾大社の系図『松尾社家系図』には、秦姓が多く、秦氏の創建は確実であるが、じつは月読神社の社家の系図も『松尾社家系図』と呼ばれ、両者には密接な関係があったという。同系図によると、源平時代の月読神社の社家は松尾大社家の秦氏の女を母にして秦氏を名乗り、松尾大社の禰宜《ねぎ》・祝《はふり》を兼ねたといわれる（西田長男『日本神道史研究』第十巻、講談社、一九七八年）。つまり、月読神社も秦一族の息のかかった神社であったといえよう。

既に触れた通り、秦一族の関係した木嶋坐天照御魂神社や松尾大社、伏見稲荷大社、双ケ丘古墳群などはすべて自然暦の構成要素となっている。

月読神社の鳥居

この月読神社も自然暦に関係しているのだろうか。

月読神社から見て夏至の日の出の方位には、樺井《かばい》月神社旧地が位置し、さらに軸線を延長すると水主《みぬし》神社に達することがわかる。水主神社は木津川の岸辺に位置する水の神であるが、樺井月神社が現在その境内社となっていることからみて、これらの配置は偶然ではなく、意図されたものとしてよいだろう。

この夏至の日の出軸線をさらに延長すると、式内社の水度《みと》神社の地を通過した上、もと水

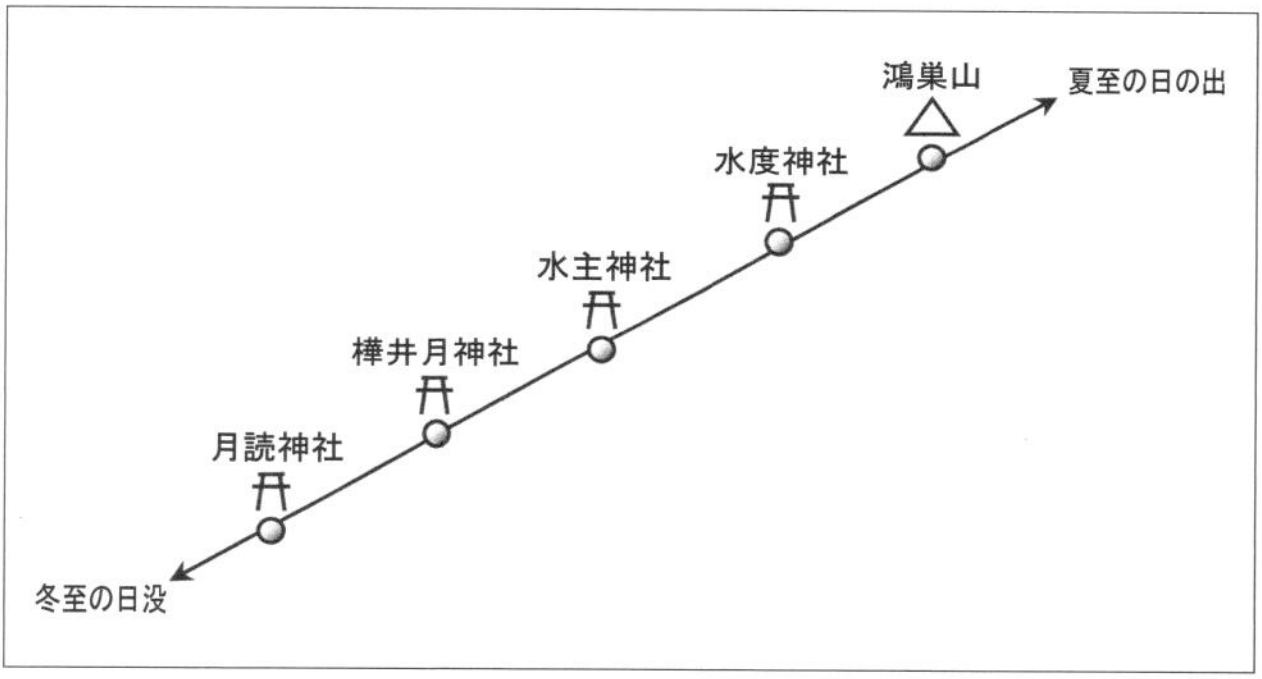

月読神社を中心とした自然暦

度神社が鎮座していたという鴻巣山《こうのすやま》山頂に達することがわかる。

鴻巣山周辺には、縄文時代の森山遺跡をはじめ、芝ケ原古墳、久津川車塚、丸塚古墳などの遺跡が集中し、また平川廃寺跡や荒見神社、久世神社など古社寺が集まる聖地の一つである。特に森山遺跡からは縄文時代の集落遺跡や弥生時代の竪穴住居跡が出土し、月読神社を祀った秦一族との関連を示唆しているように思われる。

水度神社の祭神・和多都弥豊玉比売命《わだつみとよたまひめのみこと》は海幸彦山幸彦伝説の山幸彦の妻となった海神の娘であり、月読神社や樺井月神社の祭神・月読命とは、海と月で互いに関係した存在である。

「水度」は水を渡るの意、「水主」は水のぬしであり、水主は海神、水度は海を渡った山幸彦を祀ったものとみてよいだろう。

鶴岡八幡宮（鎌倉）
――異なる方位

源氏の本拠地

一一九二年、源頼朝は、鎌倉に幕府を開く。以後一三三三年に鎌倉幕府が滅亡するまでの約一四〇年間、日本の政権は京都ではなく、関東の鎌倉にその中枢が置かれた。これが、南関東への自然暦による祭祀の波及の発端となる。

一一八〇年、頼朝は伊豆で平家打倒の兵を挙げた。父源義朝が平清盛に敗れ、頼朝は伊豆の蛭《ひる》ケ小島に流されて二〇年。関東各地の御家人たちの人望を集めてついに挙兵したのである。下総《しもうさ》国の国府に迎えられ、千葉常胤《つねたね》のすすめによって父義朝の館がかつてあった鎌倉を本拠地にすることを決意したという。

この時頼朝軍は三万人。隅田川から関東の守護・浅草寺に入る。さらに東京湾ぞいに南下し、総勢二〇万人に膨れ上がった頼朝軍は、ついに十月六日鎌倉に到着する。その翌日、まず最初に頼朝が行なったのが、海辺の由比《ゆい》若宮社に参詣することであったと『吾妻鏡』は記している。

由比若宮は、頼朝の遠祖で鎌倉を本拠にした源頼義が、武神・八幡大菩薩を祀る京都・石清水八幡を勧請したものである。その頼義の子・義家はこの社で元服し、後に八幡太郎義家と名乗り、鎌倉に館を構えた。この義家の子孫が、頼朝の父・義朝である。以来鎌倉は源氏の本拠地として受け継がれ、頼朝にとって代々ゆかりの地であった。また、由比若宮は、源氏にとって氏神として崇拝されてきたのである。

『吾妻鏡』によると、頼朝は十月七日にこの由比若宮社を参詣した後、早くも五日後の十二日、小林郷北山の麓に仮社殿を造り、由比若宮をこの地に遷座し、これをもって鶴岡八幡宮と命名したという。

これより由比若宮社は元八幡宮と呼ばれるようになり、後世その周辺が宅地化されたため、地図上にすら表記されなくなったが、鎌倉市材木座の住宅街の中に、ひっそりと社が現存している（鎌倉市材木座一－七）。

『吾妻鏡』によれば、翌年一一八一年五月には、頼朝が鎌倉入りの途中で立ち寄った武蔵国・浅草寺の宮大工を召し寄せ、鶴岡八幡宮の大改築造営が行なわれたという。わざわざ浅草寺から大工を呼んだのは、浅草寺が関東全体の総鎮護の寺院であるからに他ならない。

由比若宮社

また、頼朝は一一八二年、社殿より元八幡宮のある由比ケ浜までの間に若宮大路と呼ばれる参詣道を造ることを命じ、自ら工事の指揮をとったという。そして、この若宮大路を主軸として鎌倉の町が形成されていくのである。

一一九一年の大火で社殿を全焼したが、翌年あらためて石清水八幡宮より御神体が勧請され、再建されたという。

御神体と名僧

それでは、鶴岡八幡宮の自然暦はどのように形成されているのだろうか。

まず鶴岡八幡宮から見て、春分・秋分の日の出の方位である真東を調べると、瑞泉寺そして、胡桃《くるみ》山山頂がぴったり位置しているのがわかる。瑞泉寺は一三二七年、夢窓国師《むそうこくし》（夢窓疎石）の創建による寺院だが、背後の胡桃山を御神体とする何らかの社が元来あった聖地であり、後に夢窓によって寺として整備されたものであろう。

夢窓国師は、京都の西芳寺《さいほうじ》を創建する際も、廃寺となっていた西方寺と穢土《えど》寺を合併するかたちで再興しており、何の脈絡もなく寺院を創建するのではなく、埋もれた古刹を復興させることに尽力した名僧である。京都の南禅寺にしろ、鎌倉の円覚寺にしろ同じ成り立ちである。

瑞泉寺の東にそびえる胡桃山は、標高一〇六メートルの小高い山だが、円錐状の神奈備山で、山頂には磐座があり、夢窓国師が建てた偏界《へんかい》一覧亭があったといわれ、古来崇拝されてきたことがうかがえる。

瑞泉寺は、足利氏の重用を受け、一三八六年には禅宗関東十刹の第一位に列したという。胡桃山側には夢窓国師の作庭になる庭園があるが、胡桃山を借景として、寺院、山の一体化をはかっている。こうした手法は彼の手掛けた天龍寺庭園でも同様のしくみをもち、後醍醐天皇供養の目的で造られたこの寺院の庭の借景として、後醍醐天皇を埋葬した亀山を用いている。瑞泉寺の借景として胡桃山を用いた点、鶴岡八幡宮の春分・秋分の祭祀として重要な山であったことを意識したのではないだろうか。また、瑞泉寺は水の寺としても知られ、夢窓の庭は、胡桃山の石清水を引き入れており、また、水仙の寺とも知られ、その名称の通り名水の泉がある。

次に鶴岡八幡宮の春分・秋分の日没の方位を調べると、源氏《げんじ》山山頂（武庫山・亀谷山）、そして有名な銭洗《ぜにあらい》弁財天《べんざいてん》が軸線上に位置していることがわかる。

夢窓国師によって整備された瑞泉寺

源氏山は標高九三メートルの小さな山だが、源頼朝の祖先・頼義が前九年の役で奥州征伐に発つ際、この山に戦勝を祈願したといわれ、古くから崇拝を集めた源氏ゆかりの山である。山頂は現在公園となり、頼朝像が立つが、かつてはその場所に磐座があったとされる。現に、銭洗弁財天すなわち宇賀福《うがふく》神社は、この山を御神体山とする。

銭洗弁財天は、一一八五年、源頼朝の夢枕に宇賀福神が立ち、西北の仙境に湧き出す霊水で神仏を祀れば国内が平穏に治まる、というお告げを得て祀られたものといわれる。源氏山から湧き出る水は、鎌倉の五名水の一つで、境内には水神社が祀られている。

第二章で熊野三山が構成する自然暦が滝を重視したことに触れたが、鎌倉における自然暦においても水が重視されているのが興味深い。

以上をまとめれば、鶴岡八幡宮から見て、春分・秋分の日の出の方位には胡桃山と瑞泉寺、日没の方位には源氏山と銭洗弁財天があり、それぞれ、山を御神体とし、また水とかかわりがある寺社ということになる。やはり偶然とは考えにくく、特に源氏山は源氏と深い関係をもつことから、意図的な配置であるとみてよいだろう。

銭洗弁財天

二重に張り巡らされた正三角形

鶴岡八幡宮の春分・秋分の日の出の方位には瑞泉寺が位置することはすでに触れたが、この瑞泉寺から見て夏至の日没の方位に建長寺《けんちょうじ》、そして冬至の日没の方位に妙法寺が位置する。

建長寺は、鎌倉を代表する禅刹で末寺を五〇〇寺ももつ臨済宗建長寺派の大本山である。もとは

建長寺

地獄谷と称される処刑場であり、地蔵菩薩を祀る心平寺という寺であったという。一二四九年に北条時頼によって建長寺として創建され、一三八六年には鎌倉五山の第一位となった。また妙法寺は、一二五三年日蓮が鎌倉を訪れ、布教のために建てた草庵・松《まつ》葉谷《ばがやつ》小庵を起源とする古刹である。一二六〇年に焼き打ちにあったがその後、日蓮の建てた法華堂が本圀寺《ほんこくじ》となった。本圀寺が室町時代に京都へ移された後、一三五七年、日叡が再興し妙法寺と命名されたという。

注目すべきは、地図上でこれら建長寺と妙法寺を結んだ直線の中間点に鶴岡八幡宮が位置することである。また、瑞泉寺、建長寺、妙法寺がほぼ完全な正三角形を形成することである。こうした自然暦による正三角形の形成は、三輪山を中心とした自然暦や、斎槻岳《ゆづきがたけ》の例、高安山の例など数多くの事例があり、意図的に計画された可能性が高い。

一方、この正三角形を取り囲むように、自然暦を形成するさらに大きな正三角形を指摘することができる。

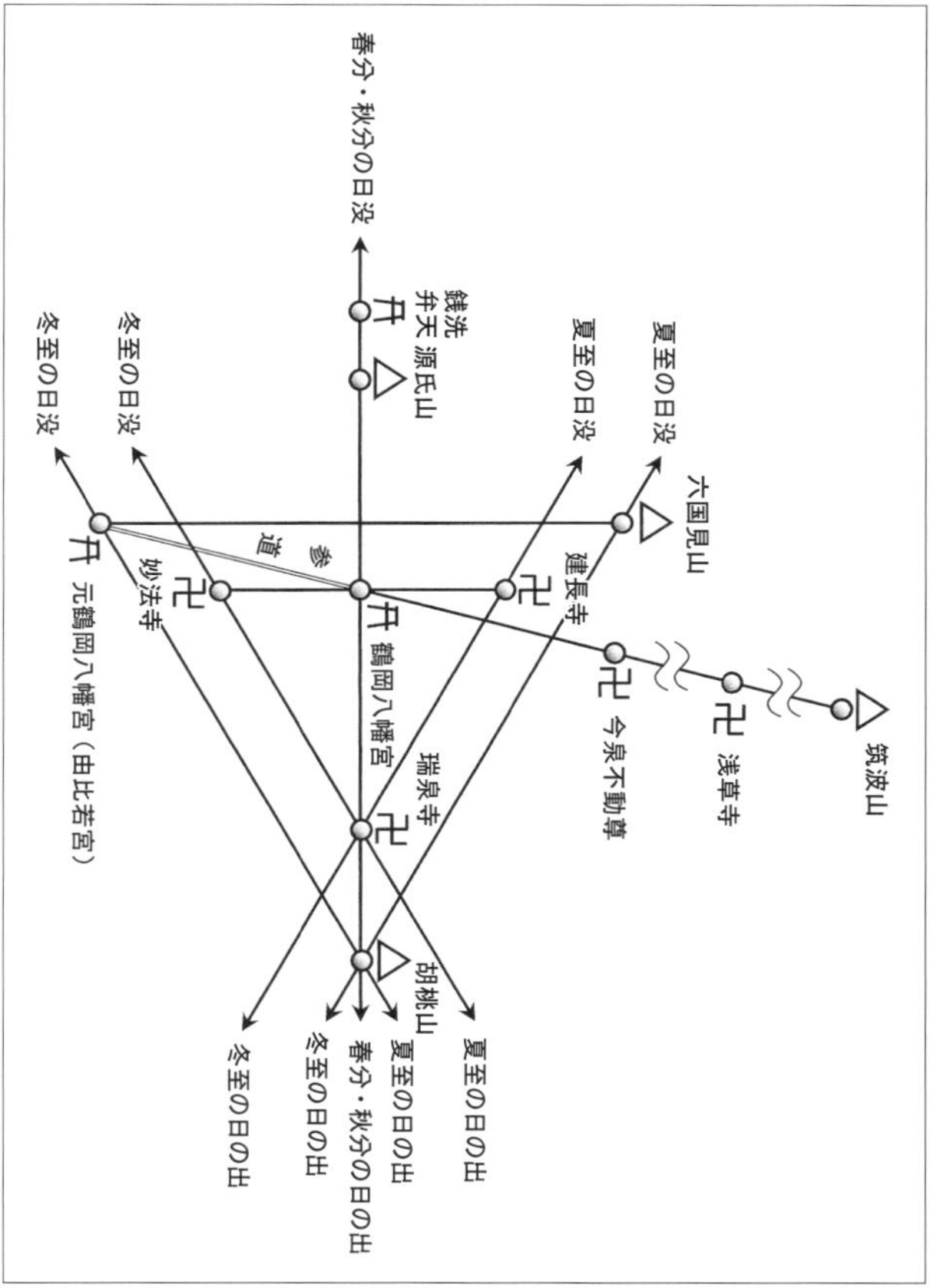
春分・秋分の日没
銭洗弁天
源氏山
夏至の日没
夏至の日没
冬至の日没
冬至の日没
六国見山
建長寺
参道
妙法寺
元鶴岡八幡宮（由比若宮）
鶴岡八幡宮
今泉不動尊
浅草寺
筑波山
瑞泉寺
胡桃山
夏至の日の出
夏至の日の出
春分・秋分の日の出
冬至の日の出
冬至の日の出

鎌倉の自然暦

すなわち、前述の胡桃山から見て、夏至の日没の方位に六国見山《ろっこくけん》山頂が位置し、また冬至の日没の方位に元鶴岡八幡宮があった由比若宮跡、現元八幡が位置している。しかも、六国見山と元八幡は正確に南北一直線上に位置することから、結果として、胡桃山、六国見山、元八幡は、正三角形を地図上に形成していることになる。

六国見山は標高一四七メートルの小さな山だが、周辺にそれ以上の標高の山が少なく、伊豆、相模、武蔵、安房《あわ》、上総《かずさ》、下総の六国を見渡せることから命名されたという。つまり、国見《くにみ》の山として、将軍に重用された場所であった。山頂には浅間大神の石碑が立つが、もとは浅間社が建てられていたという。

鎌倉幕府の守護神・鶴岡八幡宮の地には、これらの自然暦による巨大な正三角形が二重に張り巡らされていたことになる。

現在の地が選ばれた理由

既に述べた通り、鶴岡八幡宮は春分・秋分の日の出没の方位による東西方向の自然暦を形成していた。ところが、鶴岡八幡宮の伽藍は、東西軸とは全く異なる方位をもっている。もし自然暦のみを重視するのならば、東西方向に配されてしかるべきである。鶴岡八幡宮の方位は、いったい何を示しているのだろうか。

まず、鶴岡八幡宮に至る参道を「若宮大路」と呼ぶことに注目したい。幅約二五メートル、全長約一・五キロの参道には一の鳥居、二の鳥居、三の鳥居と呼ばれる三つの鳥居が立つ。この参道の入口である一の鳥居は、由比ケ浜の海岸周辺、ようするに元鶴岡八幡宮が鎮座していたあの元八幡の付近に設けられていることがわかる。この参道を若宮大路と呼ぶのも、参道が元八幡つまり由比若宮と鶴岡八幡宮を結んでいるからであるとみられる。すなわち、鶴岡八幡宮の伽藍の方位は、元八幡宮との軸線を意識したものであるといってよいだろう。

それでは、鶴岡八幡宮の位置は、果してどのように遷地されたのだろうか。元八幡宮との関係だけでは、現在の地が選ばれた理由にならないからである。

そこで、元八幡宮と鶴岡八幡宮をつなぐ若宮大路の軸線を延長してみると、称名寺（今泉不動尊）を通過し、また、浅草寺を通過、さらに筑波山山頂へと達したのである。

称名寺は、今泉不動の名で知られる浄土宗の古刹で、初めは円宗寺と称した。一一九二年、源頼朝が征夷大将軍に就任した際に創建され、頼朝の深い信仰を得たという。

また浅草寺は、六二八年創建の江戸最古の寺院として知られ、いうまでもなく関東全体の総鎮護である。前に触れた通り、源頼朝が鎌倉入りの際、浅草寺を参詣している。また、鶴岡八幡宮の大改築の際にも、浅草寺の大工を召し寄せたこともすでに述べた通りである。さらに、浅草寺は頼朝の父・義朝も深く帰依したという。また、頼朝はこの寺の寺地三六町をよせ、諸堂を増改築したとされる。さらに鎌倉幕府の祈願所に定めたという。

後白河天皇の四十九日の法要を鎌倉の勝長寺で行なった際は、頼朝がわざわざ浅草寺から僧侶三名を招いているほどにその関係は深かったとみられる。

さらに、筑波山は西の富士山、東の筑波山と並び称される、古来から数多くの詩歌にうたわれた名峰である。筑波山神社の御神体でもあり、富士と並んで関東を代表する山岳崇拝の信仰の場であった。

すなわち、鶴岡八幡宮の遷地は、もとの鎮座地・元八幡と浅草寺、あるいは筑波山を結ぶ自然暦上に選定されたとみてよいだろう。そして、頼朝の将軍就任の年、この軸線を強化するために称名寺が、自然暦上にさらに創建された可能性が示唆できるのである。

第五章　人を神として祀った社

日光東照宮（栃木）
――奇妙な遺言

徳川家康を神として祀る

日光東照宮は初代将軍徳川家康を神として祀った神宮である。

徳川家康がそもそも日光に神として祀られることになったのには、いったいどんな理由があったのだろうか。事の起こりは、家康の残した不思議な遺言に端を発する。

一六一六年正月二十一日。家康は鷹狩りに赴いた出先で突如腹痛を患い、その四ヶ月後、早くも死に至ったという。腹痛に至った経緯はおおよそ次の通りである。

父子二代にわたり、家康の貿易担当ブレーンとして活躍した豪商・二代目茶屋《ちゃや》四郎次郎《しろうじろう》が家康の放鷹先に訪れ、「最近大坂では鯛を天ぷらにして食べるのが流行っている」といって鯛二匹と甘鯛《ぐじ》三匹を届けた。早速家康はそれらを天ぷらにしてみたら、大変美味であったという。それで大量に食したところ、にわかに腹痛を起こしたというのだ。

家康と四郎次郎の仲から考えて、別に毒をもったわけではなく、また当時を代表する廻船《かいせん》問屋が特に用意した鯛だから、鮮度にも問題はなかったはずだ。たとえもし、毒をもったり、鮮度が落ちていたなら、四郎次郎はすぐさまお手打ちにあっていそうなものを、全くおとがめを受けていない。おそらく病名は、現代でいう胃癌であろう。それにしても四郎次郎という男、最後まで家康と縁の深い政商である。主要な家臣たちは、「大御所御不例」の知らせを受け取ると、ただちに駿府城の家康のもとへ馳せ参じている。

日光東照宮唐門及び本殿

謎の遺言

四月二日、死期をさとった家康は、宗教担当ブレーン・南光坊天海、同じく宗教担当の金地院崇伝《こんちいんすうでん》、そして政治担当の本多正純《ほんだまさずみ》を枕もとに呼びつけ、最後の力をふり絞って次のように言い遺した。

わが命が終わったら、遺骸は久能山《くのうざん》に納め、葬礼は増上寺《ぞうじょうじ》に申し付け、位牌を三河《みかわ》の大樹寺《だいじゅじ》に立て、一周忌も過ぎた頃、日光山に小さな堂を建てて勧請《かんじょう》せよ。関東八州の鎮守になろう。(『本光国師日記』筆者意訳)

これが有名な家康の遺言であるが、実に奇妙な内容ではないか。

普通、遺言をするとしたら、財産の分与であるとか、家訓であるとか、家族に直接かかわることを言い遺すものである。ところが、この遺言は、静岡の久能山、江戸の増上寺、愛知の大樹寺、そして日光といった一見何の脈絡もない各地域に自らの葬礼に関する指図を行なった内容ととれる。そして、この遺言の中の「日光山に小さな堂を建てて勧請せよ」という記述が日光東照宮造営の発端となるのだ。これらとりとめのない遺言は、いったい何をあらわしているのだろうか。以下遺言の意味を推理してみよう。

王権への挑戦

前述の通り、家康が遺言で自ら日光に神として祀られることを望んだために日光東照宮が造られたことがわかる。次に家康がなぜ神になることを希望したのかについて考えてみよう。

従来、日本の社会は、天照大神という神を先祖にもつ皇族中心のものであったといわれる。しかし、家康は徳川幕府による武家中心の政権をめざした。首都を朝廷の置かれた京都から江戸に移したのもそのためである。また一六一五年に発布された禁中並《きんちゅうならびに》公家《くげ》諸法度《しょはっと》によって天皇と公家を政治から分離し学芸に専念するよう定めたのもその一環である。それらの皇族対策が一通り完了すると、最後に残るのが、天皇の権威への対抗であろう。

久能山東照宮

すなわち徳川家は天皇の権威に匹敵する権威、いわゆる王権を身につける必要があった。そこで後述する通り、家康自身神道を深く研究した結果、自ら神となって、子孫が神の末裔となることを強く望んだわけである。

　家康の神号である「東照大権現」というのも、東の天照大神の意味であるといわれ、まさに天皇の王権に対する挑戦といえるだろう。ちなみに、天照大神を祀る伊勢神宮が二〇年ごとの式年遷宮《しきねんせんぐう》を行なうのに対し、日光東照宮も鎮座二〇年目に大改築を行なったことも、皇室を意識したものに他ならない。

後述する通り、天皇の守護神、三輪山の神を移した日吉大社や宇宙の中心である「天帝《あめのみかど》」へのこだわり、さらに三種の神器を取り入れたことなども、天皇へのコンプレックスとみることができる。

自らの神格化を遺言として残した家康は、その一五日後の四月十七日午前十時過ぎ、ついにその七五年に及ぶ波瀾にみちた人生に幕を降ろしたのである。

「唯一神道」を学ぶ

前に少し触れた通り、家康は、生前より神格化について深く研究していた節がある。というのは、家康は古来朝廷の神儀を務めてきた吉田神社の吉田梵舜《ぼんしゅん》から、「唯一神道」を学んでいた。唯一神道は、神道の家元を自認する最も代表的な存在であった。しかし、神道伝授と呼ばれる神道の博士号に相当するものを受ける寸前まで学んでいたが、神道伝授そのものは受けることを拒否したという。

ここで、従来余り知られていない事実について触れておきたい。菅原信海氏（『山王神道の研究』春秋社、一九九二年）によれば、家康は一六一六年に、天海より山王一実《さんのういつじつ》神道とよばれる比叡山天台宗の守護神・日吉大社の神道について神道伝授を受けたという。これは多数の史料に記されていることでほぼ確実といってよい。また、菅原氏によれば、天海から家康へ同様に天台血脈伝授と呼ばれる仏教に関する博士号に相当する伝授があったことがいくつかの史料に見出せるという。

以上から明らかになることは、従来言われてきた通り家康は一般的な「唯一神道」を学んだが、神道伝授は受けず、そのかわり、天海から比叡山天台宗系の神道と仏教に関する伝授をさずけられたということである。

このような宗教の研究を極めた末、家康は自らを神にするという壮大な構想をもつにいたったのである。

激しい対立

早速、家康の遺言にもとづき、遺体を久能山に神として祀ろうとしたところ、ある論争が起こる。幕府の宗教担当ブレーンである天海と崇伝が、家康の神号を「権現《ごんげん》」とするか、「明神《みようじん》」とするかで激しく対立したのである。

天海は、天台座主《ざす》を務めた天台宗を代表する僧であり、天台宗の中枢比叡山の守護神である日吉大社の山王一実神道で家康を祀るべきだと主張する。山王一実神道は、神仏習合《しんぶつしゆうごう》すなわち神も仏もそもそも同一という考え方で、神は仏が「仮りにあらわれるもの」という意味の「権現」を神号とする。

常識的には、最もポピュラーな唯一神道による「明神」号を用いるべきである。ところが、天海は突然異端な「権現」をもち出し、しかもそれが家康の遺言だというのだ。しかし誰ひとり、生前の家康の口から直接「権現」などという神号を聞いたことがない。そこで崇伝は天海に疑念をもち猛反発したわけである。

今日、菅原信海氏の調査によれば、多数の史料から、家康が生前から天海に後事を託していたことがわかるという。また、前項で述べた通り、家康は一般的な唯一神道の伝授は受けず、山王一実神道と天台血脈伝授すなわち神仏両方の伝授を天海から受けている。これらの事情から、家康が神仏習合の「権現」の神号を望み、それを天海に託したのはほぼ間違いないといえよう。しかし、崇伝も家康の跡継ぎの秀忠も天海の主張に疑いをもっていた。そこで秀忠は天海に「なぜ明神は悪く権現がよいのか」と直接説明を求めた。そこで天海は、一言つぶやいたという。

「明神は悪い。豊国《とよくに》大明神を見たらよい」

一瞬にして幕府首脳陣の脳裏に、まだ一年もたたない豊臣氏の滅亡、そして豊臣秀吉を明神として祀った豊国廟《びよう》の破壊がありありと甦ったに違いない。この一言で、家康の神号は「権現」にすんなり決定してしまったのである。

そして、家康の遺骸は遺言にあった通り、一六一六年、久能山の山頂に神として祀られ、一六一七年には東照大権現の鎮座祭が行なわれ、ここに久能山東照宮が創建されたのである。

しかし、一六一七年三月十五日には、やはり遺言通りに、久能山の家康の柩《ひつぎ》が運び出され、四月八日、日光に改葬された。ついで十七日、家康の一周忌に遷宮祭が行なわれ、ついに日光東照宮が鎮座したのである。

現在、毎年五月十八日に日光で行なわれている「千人武者行列」は、もとは家康の命日四月十七日に行なわれていたが、これは家康の遺体を久能山から日光へ移した最初の渡御《とぎょ》行列を模したものであるという。

重要な目的

それにしても前述の家康のとりとめのない遺言をどう解釈すればよいのだろうか。ここで尾関章氏（『濃飛古代史の謎─水と犬と鉄』三一書房、一九八八年）の仮説を取り上げてみよう。

家康は、遺言に際し久能山の家康の「神像を西に面して安置」するよう命じ、これは「西

鳳来寺

国鎮護」のためと述べられている。確かに現在久能山の奥社宝塔を見ると西に面して建てられていることがわかる。

　しかし、このような家康の西へのこだわりには、もっと重要な目的が隠されているのではないか。以下家康に関係する各地域の配置について考えてみたい。

　まず試みに久能山から真西に向かうと、家康の生母・於大《おだい》の方《かた》が子授け祈願をしたという愛知県鳳来寺《ほうらいじ》、そして家康の生誕地である愛知県岡崎市の大樹寺《だいじゅじ》を通過し、日吉大社へと達する。しかも鳳来寺には一六五一年に東照宮が建てられ、大樹寺にも遺言の「位牌をたてよ」のことば通りに東照宮が造られている。日吉大社にも一六三六年、天海自らが日光東照宮の雛形を移建したことは既に述べた通りである。

　すなわち埋葬地、出生祈願地、出生地が東西一直線に並ぶ上に、それらすべてに東照宮が建てられていることになる。さらに東西線は京都に到達し、遺言の「西国鎮護」という言葉とも一致するのである。これらは偶然そうなったというよりも計画的に配置されたとみてさ

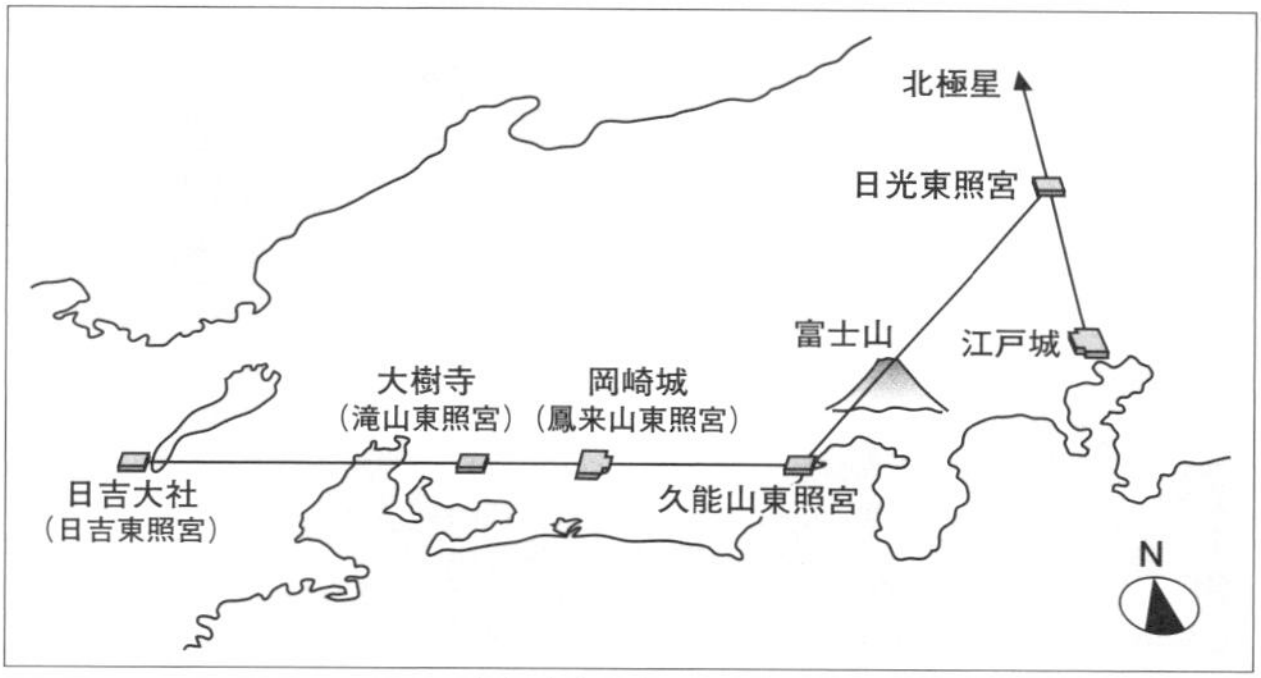

家康遺跡の配置関係図

しつかえないだろう。

これらの配置について、尾関章氏（前掲）によれば、「死と再生を繰返す太陽が東に昇るように、家康が神として再生するためには、『神』の世界である東に葬らなければならなかった」といい、この東西線を「太陽のみち」と命名している。つまり、家康誕生の地のさらに東の「再生」の地である久能山に家康を葬ることによって、神として再生させたというのである。

以上から考えて、家康の遺言は、壮大な東西線配置による神への再生を意図したことが明らかになるのだ。

再生の秘儀はどこから

もっとも、尾関氏は東西線の西端を日吉大社とはしていない。家康が遺言に「ここへ小堂を営め」とのこしたと、『徳川実紀』にある崇伝の住する南禅寺金地院を挙げている。確かに金地院にも一六二八年、東照宮が建てられた。

しかし、日吉大社は、権現信仰発祥の地であり、かつ東西軸線上に位置している。注目したいのは、家康が神に再生した久能山東照宮にも日吉大社を移した日枝《ひえ》神社が境内に位置していることである。つまり日吉大社を西端とすると、東西線の両端に日枝神社と日吉大社が位置していることになり、偶然の符合とははなはだ考えにくい。

そもそも、この東西線による神への再生の秘儀はいったいどこからきたのだろうか。結論を先にいえば、日光東照宮が東照大権現として最も強く意識した天照大神を祀る伊勢神宮と、日吉大社である。

天皇の守護神といわれる奈良・大神神社の『三輪大明神縁起』によれば、伊勢神宮の天照大神は、もともと三輪山の神を移したものという。しかも、両者の位置を地図上で確認すると、伊勢神宮は三輪山の真東に位置していることがわかる。つまり、伊勢神宮は三輪山の神を東で再生させたものなのである。

一方、比叡山延暦寺の『延暦寺護国縁起』によれば、日吉大社の神も三輪山の神を移したものという。六六七年、天智天皇が大津宮に遷都した翌年、天皇即位と同時に天皇の印である三輪山の神を王権のシンボルとして、日吉大社の西本宮として移したのである。両者の位置を伊勢神宮同様、地図上で確認すると、日吉大社は、三輪山の真北に位置していることがわかる。つまり、日吉大社は、三輪山の神を北で再生させたものなのである。

ここまでをまとめれば、伊勢神宮も日吉大社も三輪山の神を移したもので、それぞれ真東、真北で再生したことになる。日吉大社は、天皇の祖先を祀る伊勢神宮と同一の神なのである。現に日吉大社への皇族の社参は、伊勢神宮と同じくらいに数多く、京に近い皇祖神として崇拝されてきたことがわかる。

日吉大社西本宮

さらに注目したいのは、日吉大社の主祭神が三輪山の神を移した西本宮と、もともと比叡山の守護神であった東本宮の二つあることで、両者が東西線上に並んでいることである。

現在の日吉大社は、織田信長の比叡山焼き打ちで焼失した社殿を豊臣秀吉が再建したものであるが、再建前の配置を描いた古図を見ると、八王子山山頂、樹下神社、比叡辻などの主要な社殿が東西線上に並んでいることから、再建前より意図して東西配置をもっていたことが確認できる。

すなわち、天智天皇が西本宮へ王権のシンボルである三輪山の神を配することにより、東本宮は単なる比叡山の守護神から王権のシンボルとして再生したかたちとなっている。日吉大社は、その名称からも太陽崇拝と関係することがわかるが、日吉という名称そのものが太陽の運行軸である東西線による再生を暗示しているといったら、いい過ぎだろうか。

豊国神社（大阪）
――神への再生

豊臣秀吉を神として祀る

戦国の武将・豊臣秀吉を神として祀った社が豊国神社で、その背後には秀吉の霊廟である豊国廟が位置する。

一五九八年、秀吉は「なにわのことも夢の又夢」（下の句）という辞世を残して六十三年の生涯を閉じた。注目したいのは、秀吉の遺体が通夜を営むことなく、その日のうちに阿弥《あみ》陀ケ峰《だがみね》山頂の豊国廟《とよくにびよう》に葬られたことである。

この阿弥陀ケ峰を今日私たちが体感できるのは、新幹線で東京から京都方面へ向かう際、京都駅に到着する寸前に通過するトンネルである。このトンネルの真上がまさに阿弥陀ケ峰で豊国廟が位置しているのである。

この阿弥陀ケ峰は、その名の通り、七三三年に僧・行基が死者をあの世に導くという阿弥陀如来像を安置して阿弥陀堂を開いた山である。京都の葬送の地鳥辺野《とりべの》の発祥といわれる。かつては浄土真宗の大谷霊廟もこの山にあったという。

そして、この地を秀吉は自らの葬送の場所として生前より整備したふしがある。一五八八年、この阿弥陀ケ峰の前面、現在の京都国立博物館の位置に秀吉の氏寺として、方広寺《ほうこうじ》を造営し、一五九五年には大仏殿を建立している。古図によれば、阿弥陀如来を本尊とするあの三十三間堂までが、その一部として取り込まれていることがわかる。この方広寺の土塀の一部が、現在「太閤塀」として残されており、当時を偲ぶことができる。

また、大仏殿のあった博物館の隣には、規模こそ縮小されているものの、現在も方広寺と、秀吉を神として祀った豊国神社が残されている。この豊国神社の正面には、現在も正面通と正面橋の名称が残されている。

そして、秀吉を神に再生させるための数々の舞台装置とでもいうべきそれらの社寺群の背後に、秀吉を葬る豊国廟が建てられていたのである。

京都の名所絵図である「洛中洛外図屏風」を見ると、大仏殿の背後に伸びる参道と豊国廟は壮大な規模を誇っていたことが確認できる。参道の両脇にはまるで秀吉の霊廟を守護するかのように所狭しと関係者の寺院や家臣の御殿が並び、その最も奥の阿弥陀ケ峰山頂に、秀吉の遺体を安置する宝形屋根の霊廟があったのがわかる。

宣教師オルガンティノは、その書簡で秀吉について「かれは今一人の天照大神になろうとし」ていると記している。現に秀吉は遺言に「八幡大菩薩」として祀られることを希望し、その遺言通り、阿弥陀ケ峰に埋葬されたのである。遺言とは少し異なるが、一五九九年には、「豊国大明神」という神号が朝廷から与えられ、豊国神社が創建されて正式に神格化された。

豊国神社唐門

霊廟が西向きの理由

この秀吉の神格化に際して、本願寺が密接に関係したふしがある。秀吉の主君・織田信長は、一向一揆を鎮圧したり、石山本願寺と十一年に及ぶ戦争をしたりと、しばしば本願寺を敵視してきた。

にもかかわらず秀吉は、折りに触れて本願寺を保護してきた。初の居城長浜城では、城の大手門脇の土地を本願寺派の大通寺に与えてその参道を城下町としている。また、石山本願寺跡に大坂城を建てるかわりに、一五九一年、秀吉は京都に現在の西本願寺の土地を与えているのだ。

一方、秀吉は大坂遷都計画を立てていたが、天皇の内裏を移す予定で、城下の最も地相のよい天満寺内町を手つかずで温存していた。しかし結局実現できず、その地を本願寺に与え、秀吉自ら縄張りを指示したり、また税を免除したりといったこだわりぶりである。

西本願寺御影堂

さらに京都の改造の際にも、寺院はすべて寺町へ強制移転させたが、唯一本願寺のみ除外されているのだ。なぜ秀吉は、本願寺ばかりを徹底的に保護したのだろうか。

本願寺の本尊が阿弥陀如来像であることはいうまでもない。阿弥陀如来は死後、浄土へ送り届けてくれる仏である。前述の通り、秀吉の霊廟・豊国廟は、行基が阿弥陀如来を置いて浄土往生を祈った阿弥陀ケ峰山頂に造られた。また豊国廟が造られるまでは、この地には本願寺の聖地・大谷本廟があり、おそらくそれを意識して、その真西に西本願寺の地を得たに

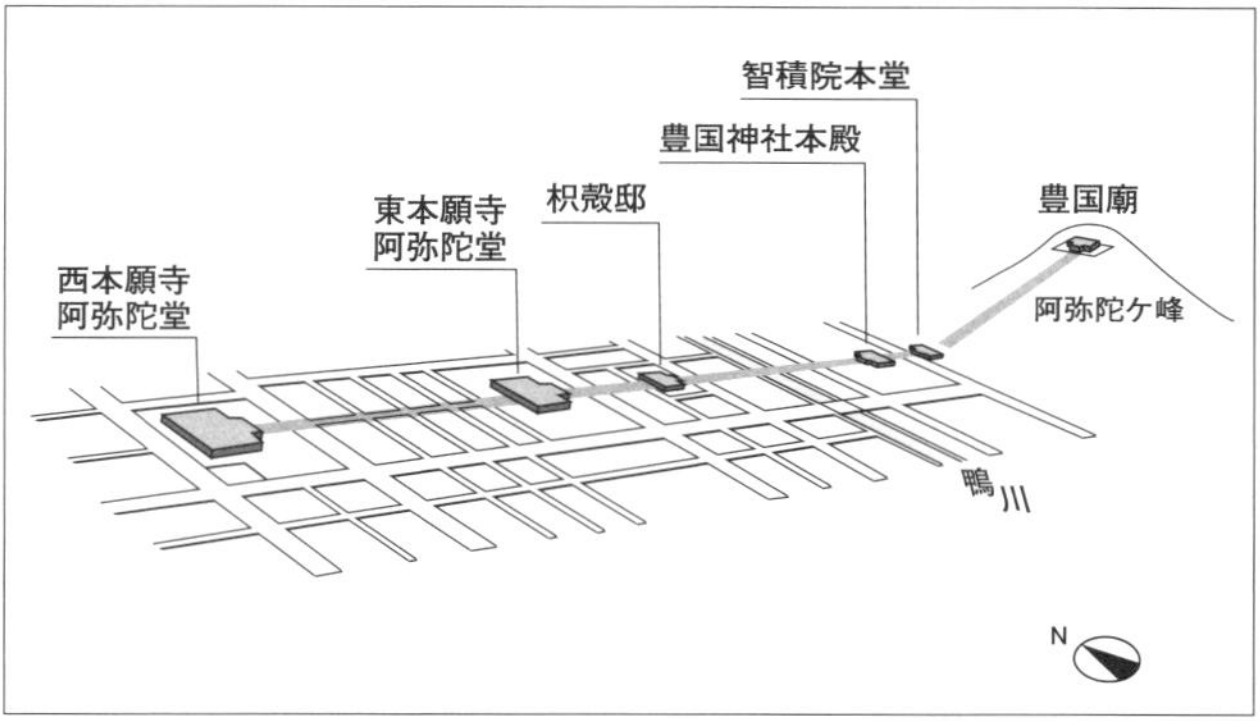

豊国廟～西本願寺配置図

違いない。西本願寺の地は一五九一年に秀吉が「下鳥羽より下、淀より上之間、何《いず》れの所なりとも御好次第」と京都の好きな場所を与えたものなのである。

通常、霊廟は南面させるのにもかかわらず、豊国廟は西向きに建てられている。そこで地図上でその西方をたどると、秀吉を神として祀った豊国神社がぴたりと位置している。さらに西をたどると、秀吉が土地を与えた西本願寺が位置することがわかる。しかも西本願寺の伽藍はすべて西向きで、本尊阿弥陀如来も西向きに配されているのだ。

つまり、秀吉の霊廟・豊国廟、秀吉を神として祀った豊国神社、西本願寺が東西一直線上に配されていることになる。しかもその両端に死者を浄土に送る阿弥陀ケ峰と阿弥陀如来が配され、東西線上に並ぶ建物もすべて西向きになっており、前述の正面通によってそれらが都市計画的に接続されていることから、偶然ではなく、意図的に計画されたものとみてよいだろう。

それでは、これらの配置が何を意図したものなのか。内藤正敏氏（『鬼がつくった国・日本』光文社、一九九一年）によれば、秀吉を神として再生させる術であるという。すなわち、秀吉の死後の魂は、西方浄土の阿弥陀如来のもとに赴くのと同時に、東の阿弥陀ケ峰において神として再生する仕掛けになっているというのだ。このように、秀吉の遺構配置には、東西線による神への再生という壮大な意図が込められていたのである。

神の座から引きずり降ろす

そして、前述の家康の神格化の東西線も、これらの秀吉の前例にならったものに違いない。というのは、久能山での家康の神葬を司ったのが吉田梵舜であり、この梵舜こそが秀吉を祀る豊国神社の祠官であったからに他ならない。

一六一四年、秀頼が方広寺に造らせた大鐘（豊国神社に現存）の「国家安康《こっかあんこう》」の銘文が「家康」の名を両断する呪詛であると金地院崇伝が文句をつけた。いわゆる鐘銘事件だが、それをきっかけに冬の陣、夏の陣を経て一六一五年、豊臣家は滅びたわけである。

早速、家康は豊国廟一円の破壊を命じており、『徳川実紀』他によれば天海と崇伝が秀吉の棺を掘り起こしたという。参道をつたって棺を阿弥陀ケ峰から大仏殿の裏手に移し、神号も廃して、神の座から引きずり降ろしたことがわかる。また方広寺の地は、天台宗系の寺院・妙法院の地となったのである。

明治に豊国廟が発掘された際、遺体が発見されたが、「ひねりつち」と彫られた粗末な壺に屈葬という一般の身分の者が葬られるかたちで裸のミイラが出土した。秀吉であれば豪華な副葬品と共に横たわった棺のかたちで出土しなければならず、現に大量の木棺の破片とともに出土したことから、やはり、天海らによって一度改葬されたことが確認できる。

『梵舜日記』によれば、参道の入口の楼門や鳥居、建物などが次々に破壊されたという。大仏殿の地を手に入れた妙法院は、豊国神社の秀吉の遺品を次々に持ち出し、また豊国神社の参道を竹を編んだ籠目の塀で塞いだという。さらに妙法院は、この参道上に新日吉《いまひえ》神社を建てて、その存在を完全に隠してしまったのである。

そして、ついに破壊は、秀吉の東西線にまで及ぶ。家康は西本願寺と豊国廟を結ぶ軸線上に二つの寺院を建立した。

まず一つは智積院《ちしやく》。秀吉が一五八五年に焼き打ちにした根来《ねごろ》衆の寺院である。家康はおそろしいことに、秀吉を憎む寺院を秀吉の東西線上、しかもわずか三歳で夭折した秀吉の長子鶴松の菩提寺・祥雲寺を壊して建てさせたのである。現在智積院で公開されている国宝の障壁画は、すべて祥雲寺のものであった。

もう一つが東本願寺。本願寺に相続争いが起きると、家康はこの内部分裂に乗じて西本願寺から東本願寺を独立させて、やはり秀吉の東西線上に土地を与えた。内藤正敏氏（前掲）によれば、これら二つの寺院は、秀吉の東西線を分断して、神への再生を阻止する目的をもっているという。

これらの他、家光が東本願寺宣如《せんにょ》に土地を与えて隠居所としたのが枳殻邸《きこくてい》渉成園《しょうせいえん》だが、家光は本来郊外に造るはずの隠居所をすかさず秀吉の東西線上に与えた。これも秀吉の東西線を分断する目的をもっているとみられる。

このように、家康は秀吉の神格化の秘儀である東西線を分断して神の座から引きずり降ろした。そして豊国廟や豊国神社を破壊して豊国信仰そのものを根だやしにする。そして反対に秀吉の秘儀を自らの神格化に利用したのである。

梵舜の呪い

それでは秀吉の東西線による神格化の秘儀を家康はどうやって知り得たのか。

これは秀吉、家康両者の神格化に関与した吉田梵舜から知ったに違いない。家康が梵舜から神道の奥儀を学んでおり、また久能山の神葬を行なったのも秀吉の豊国神社の神葬を行なったのも梵舜なのである。現に家康が没する前日、秀忠は梵舜と綿密な打合せを行なっており、東西線による神への再生は、どちらも梵舜の手になるものといってよいだろう。

ところが、豊国廟の破壊の際、豊国神社の社僧の座から梵舜は突然、解雇されている。彼の日記には、豊国廟の破壊に関して「哀れなり」といった嘆きとも憎しみともとれる言葉が羅列されているのだ。以下、津田三郎氏（『秀吉・英雄伝説の軌跡』六興出版、一九九一年）の論考にそって観察してみよう。

『梵舜日記』によれば、豊国廟の破壊が行なわれた直後の一六一五年八月八日より、梵舜は突如、毎月八日に薬師如来に願かけをはじめている。八というのは、陰陽道では墓に用いられる呪術の数字である。御霊神社に祀られる怨霊を八所御霊といったり、激しく荒ぶる神スサノオを祀る神社を将軍八社といったりするのも同様の意味である。偶数の極数として特別な数字であることを知らぬはずはないのに、梵舜はあえて八月八日より毎月八日に願かけという呪詛をはじめたのである。

一方、九月には豊国神社で百日に及ぶ日参祈願をはじめている。また九月十七日には突如呪詛の霊場として知られる貴船神社で願かけを行なっている。さらに十二月には、願かけに拍車がかかり、豊国神社で五回も祈願を行なっている。翌一六一六年の一月七日には、貴船神社と並ぶ呪詛の霊場・鞍馬寺で祈願し、この月も欠かさず秀吉の忌日十八日に豊国神社で祈願を行なっている。

そして、その直後、家康は突然、腹痛に倒れたのである。これは果して偶然だろうか。

秀忠は家康の病気を知るとそくざに駿府城へ急行、全国の社寺、陰陽寮に病気平癒の祈禱を命じている。しかし梵舜は、陰陽師として祈禱を行なうどころか、家康発病の瞬間から、あれほど激しく行なってきた祈願をぴたりとやめてしまっている。

梵舜が駿府に出発したのは家康発病から約二ヶ月もたった三月十八日。十八日は、秀吉の忌日にあたる。しかも梵舜は出発に先立ち、豊国神社の神前でおみくじを引いている。家康の宿敵秀吉を祀る神社で果して何を占ったのだろうか。

さらにその後も豊国神社で祈願をしているのだが、秀吉を祀る神社で家康の病気平癒を祈るわけはない。決定的なのは、家康が危篤状態にある四月一日、駿府浅間神社を訪れ、「豊国ノ祈念」を行なったことであろう。

家康の非常時に、病気平癒を祈るどころか、豊国の祈念を行なったとはっきり日記に記されているのである。梵舜の奇妙な祈願の目的が、ここにきてはっきり正体を見せたといってよいだろう。

梵舜の行なった呪詛によって家康が死に至ったかどうかはともかく、梵舜が家康を呪ったことは明らかであり、驚かずにはいられないのだ。

明治神宮（東京）
――現代に生きる軸線

一直線に並ぶ

現代において、今までみてきたような配置は完全に失われてしまったのだろうか。

一九八九年一月七日、昭和天皇が崩御し、その日のうちに皇太子明仁親王が跡を継ぎ、第一二五代天皇となった。そして二月二十四日、新宿御苑で「大喪の儀」が執り行なわれ、昭和天皇は八王子の武蔵野陵に埋葬されたのである。

この武蔵野陵は、大正天皇の眠る多摩御陵の東隣にある。三橋一夫氏（『神社配置から天皇を読む――古代史の聖三角形Ⅲ』六興出版、一九九〇年）によれば、多摩御陵、明治神宮本館、皇居が一直線上に並ぶという。

明治神宮は、明治天皇、昭憲皇太后を祭神として一九二〇年に創建された社である。つま

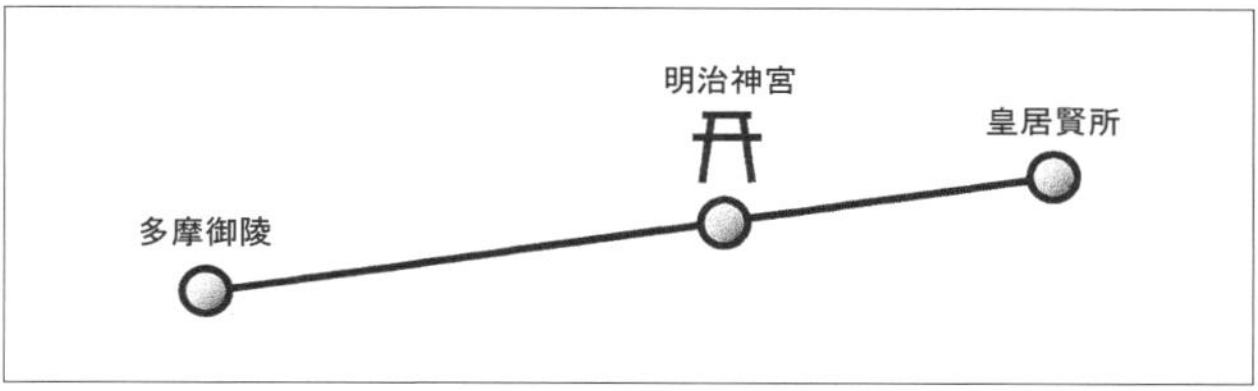

多摩御陵―明治神宮―皇居賢所

り多摩御陵に眠る大正天皇の父が明治天皇であり、皇居の賢所《かしこどころ》には天皇の印である三種の神器が安置されているのである。これらが一直線上に並ぶのは、やはり偶然とは考えにくい。

一方、三橋氏（前掲）によれば、明治神宮本殿、明治神宮外苑絵画館、迎賓館も一直線上に並ぶという。明治神宮外苑の絵画館は、もとは青山離宮であり、迎賓館はもと赤坂離宮であった。

共に明治維新前には紀州藩邸の一部であったが、明治五年、皇室に献上され、皇族の別荘である「離宮」となったのである。明治天皇の父・孝明天皇の皇后・英照皇太后は、早速、赤坂離宮に移住し、皇太后御所と呼ばれた。

明治六年、皇居が焼失すると、天皇・皇后の仮皇居として十六年間、赤坂離宮が用いられ、皇太后は青山離宮に移った。皇居が再建されると、赤坂離宮は皇太子の住居となり、東宮御所と呼ばれるようになった。その後、様々な変転の後、一九六七年に迎賓館として整備されることが決定し、今に至っている。

すなわち、明治天皇・皇后を神として祀る地、大正天皇・皇太后の御所、明治天皇・皇后・皇太后の御所の三つが一直線上に並んでいることになり、やはり偶然とは考えにくいのである。

靖国神社（東京）
――巧妙な配置

うってつけの場所

東京・九段にある靖国神社は、明治時代以後戦死した日本の軍人などを祭神として祀ったものである。神社本庁には加盟しない単立の社で、むろん系列の摂社・末社ももたない。歴代の首相の参拝によってよく知られている。

その起源は、幕末の動乱で没した志士らの霊を弔うために数多く作られた墓「招魂場《しょうこん》」に端を発する。一八六二年に京都の霊山に殉死者を祀ったのが最初の例で、明治維新前後に建てられた招魂社は一三八社もあったという（『靖国神社誌』）。一八六八年には、江戸城広間に神座を設け、官軍戦没者の招魂祭を催し、その翌年、招魂社として営まれたのが、今日の靖国神社のはじまりである。

東京招魂社は、当初上野に営むことが予定されていた。招魂祭が行われた年、徳川十五代将軍・慶喜を守る彰義隊と官軍の戦い、いわゆる上野戦争が起きた。その結果、江戸の総鎮護であった上野・寛永寺は火の海と化した。当時、陸軍参与であった木戸孝允《きどたかよし》は「此土地を清浄して招魂場となさんと欲す」と日記で述べ、上野を東京招魂社の地と定めたのである。

ところがその翌年、陸軍の創始者であり、兵部省《ひょうぶ》初代兵部大輔《たいふ》となった大村益次郎《おおむらますじろう》は、上野に対して九段の地を主張、そのまま九段に営むことに決定された。大村がなぜ九段を主張したのかといえば、「上野は亡魂の地であるから、イッソ之《これ》を他に移すも宜《よろ》しからむ」（船越衛『大村益次郎先生事蹟』）といい、徳川軍の霊のさまよう「亡魂の地」であったからだという。

それに比べて九段の地は、かつて火除地《ひよけち》であり、のちに騎射馬場が置かれた場所で、土地に刻みこまれた「記憶」というものがほとんどなかった。新たな神を宿らせる場所としては、まさにうってつけの土地だったわけである。

しかし、大村が九段を選んだ理由はそれだけではなかった。大村は九段の道幅の拡張にも余念がなく、ひとたび事あれば、ここが重要な戦略拠点になることも考えていたという（坪内祐三『靖国』）。その拡張された道こそが、今日、両国国技館まで延びる「靖国通り」である。靖国通りはすぐ近くの陸上自衛隊市ケ谷駐屯地（現在は防衛庁防衛施設庁）につながっているのである。

この靖国通りには後述するように、さらなる仕掛けが施されているのだ。

ヒント

以上、大村が九段を選んだ理由として、土地の記憶が希薄であること、軍事的要衝であることを挙げたが、実は九段を選んだ背景にはもっと大きな意図が見え隠れしているのである。

そのヒントを与えてくれるのが、現在靖国神社の境内に立つ大村益次郎の銅像である。

注目すべきは、銅像が左手に双眼鏡を持っていることで、これは上野戦争の際、江戸城西の丸から戦況を見守っている時の姿を映したためであるという（絲屋寿雄『大村益次郎』）。はたしてなぜ、上野戦争を見守る姿の銅像をこの九段の地に建てなければならなかったのだろうか。

それは、「あゝ云ふものを建てるには、どうしても眺望も宜いから」（前掲『大村益次郎先生事蹟』）であると大村も言っている通り、九段の地は古来、東京で最も見晴しの良い高台として知られていたことと決して無関係ではない。

江戸期から明治末期まで、九段の地は毎年七月二十六日に、海からの日の出を眺めるために夜を徹して市民が群集したという（東京史蹟研究会『東京名所の百年』一九六七年）。一八七一年には、この場所に「高灯籠」あるいは「九段の灯明台」と呼ばれる灯台が建てられ、「房総沖などから日本橋の魚河岸へ船を漕ぎよせる漁民にとって格好の目印になっていた」（初田亨『江戸東京学事典』三省堂、一九八七年）という。当初と位置こそ異なるが、この灯台は現存している。

このように、九段が東京一の眺望の地であることから、大村の双眼鏡を持つ銅像が建てられたと考えてよいだろう。大村が眺望を重視した背景には、果たして自然暦をつくる意図はなかっただろうか。

微妙な角度

興味深いのは、靖国神社から見て、冬至の日の出の方位に、皇居の正面玄関である大手門がぴったり重なることだろう。皇居はその名の通り、明治時代以来、天皇の御所が置かれているのであり、靖国神社には天皇のために戦死した人々を祀っているのであって、偶然とは考えにくい。

また、靖国神社から見て、冬至の日没の方位に、明治神宮がぴったり重なることにも注目

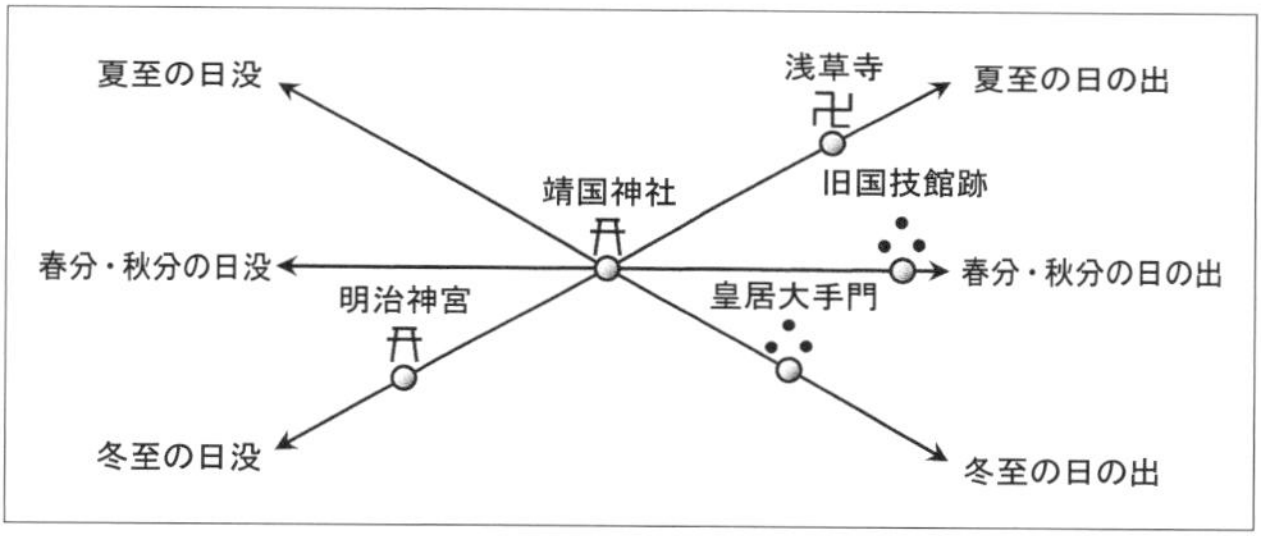

靖国神社を中心とした自然暦

したい。明治神宮は、一九二〇年に明治天皇と皇后であった昭憲皇太后を神として祀るために創建されたものである。靖国神社と同様、神社本庁には加盟しない単立の社であり、その成り立ちから考えて靖国神社と関係が深く、この自然暦も偶然とは考えにくい。

さらに、靖国神社から見て、夏至の日の出の方位には、浅草寺がぴったり位置しているのも無視できない。浅草寺は東京最古の寺院であり、もとは江戸の総鎮守であったが、後に寛永寺に総鎮守の地位を奪われた寺である。

徳川の息のかかった寛永寺は官軍によって焼かれたことはすでに触れたが、それによって総鎮守に返り咲いたのが浅草寺だったのである。こういった徳川に関係する寺社の破壊はさまざまなところで行なわれ、前述の九段灯明台は、それまで江戸の総鎮守であった神田神社の大灯籠にとって代わったものである。

神田神社には主祭神として地霊・平将門公が祀られていたが、

一八七四年に明治天皇が参拝する際、無礼になるとして主祭神から外されたのも、その一環であろう。しかも、通常神社は南面するはずが、靖国神社の参道は北西一七度という微妙な角度をもっており、この軸線を延長すると、平将門公の足を祀る筑土神社を通過し、さらに神田神社へ達するのである。

つまり、地霊・平将門公の神格を利用しつつも、主祭神から外し、それにとって代わろうという意図が見え隠れするのだ。このように靖国神社の配置は、極めて巧妙に決定されていることがわかる。

「相撲」との深い関わり

靖国神社から靖国通りが両国国技館へ伸びていることは、前に少し触れた。国技館はいうまでもなく大相撲興行のための施設である。現在の建物は一九八五年に再建された四代目であり、初代は一九〇六年に着工され、現在の両国シティコアの地にあった。大正期に二度焼失し、その都度再建された。

注目すべきは、靖国神社から春分・秋分の日の出の方位に、初代国技館の地がぴったり重なることである。これは偶然かもしれないが、靖国神社は日本の国技である相撲と密接に関係している。

まず、一八六八年の鎮座祭において境内で相撲が奉納され、以後、例大祭と臨時大祭には必ず行われたという（『靖国神社誌』）。一八七一年には神殿の造営にあたり、力士が工事に従事したといわれる。

一九〇四年には、大相撲の本場所が靖国神社の相撲場で開催され、一月と五月の二場所制であったといい、国技館の建設までそれが続いたという。大正期に国技館が焼失した時も、靖国神社で興行が行なわれている。

このような深い関係からみて、靖国神社の春分・秋分の日の出の方位に旧国技館があったのも偶然ではないような気がしてくるが、確証があるわけではないので、参考としておこう。

あとがき

本書で紹介した、数多くの神社のほとんどに共通してみられる自然暦は、決して特殊なしくみではない。埋め立て地や第二次世界大戦で大空襲を受けた地、後世移転された神社を除けば、どこの地域でも同様のしくみを見出すことが可能である。無論、偶然軸線が一致することも起こりうるが、歴史的にその由緒を調べていくうち、意図的に計画されたとしか考えられない事例が多いこともまた事実なのである。

日本の自然暦に関する記述として、『日本書紀』には次のような注目すべき一文がある。

山河を隔《さかひ》て国県を分ち、阡陌《たたさのみちよこさのみち》に随ひて、邑里を定む。因りて東西を日縦《ひのたたし》とし、南北を日横《ひのよこし》とす。

つまり、東西線を日の縦線、南北線を日の横線として村を定めたというのである。また、一六八五年に保井春海が著した『日本長暦』によれば、「冬至の日に記す」として「我が国の神代、イザナギの尊、日の三天を測りたまい、春秋を考え歳時を定めたまう」という。

さらに一七五五年の安倍泰邦の『暦法親書』には「夏至・春分・冬至の太陽の運行を三天といい、暦の基となった」と述べられ、自然暦は日本においても古くから既に知られていたことがわかる。

それでは、日本において自然暦を定めたのは、いったいどんな人々だったのだろうか。『日本書紀』には「詔して日祀部《ひまつりべ》、私部《きさいちべ》ヲ置く」と記され、日祀部と呼ばれる職が定められていたことがわかる。

日祀部と似た職に日置部があり、前筑波大学教授の井上辰雄氏（「菊池川流域の古代祭祀遺跡」『東アジアの古代文化』五号所収）によれば次のように述べられている。

> 日置部という部民は、日奉部（日祀部）とならんで日神を祀る特殊な部落民集団——（中略）——その最大の職掌は日の御子を穀霊として降臨を仰ぐことにあり、日々にあっては朝日を迎え、夕日を送る儀礼を司ることにあったのではないか。

現に、『出雲国風土記』には、

日置の郷　郡家の正東四里なり。志紀島の宮に御宇しめしし天皇の御世、日置伴部等、遣され来て、宿停まりて政せし所なり。故、日置と云ふ。

と記され、本書で触れた自然暦の初期の実例がある出雲に日置の集落があり、日置の伴部（日置部）がつかわされ、まつりごとを行なったというのである。

以上をまとめれば、古代に日祀部、日置部といった人々が各地に派遣され、東西線あるいは南北線を用いて村を定め、日の三天を測って暦を定めたと推測できる。

前千葉大学教授、山田安彦氏（前掲）によれば、こういった自然暦が神社の起源に関係しているというのである。

こうした先学の論考をもとに、神社の系譜を知る新たな視点として自然暦を援用することになった。自然暦はいまだその一部しか研究が進んでおらず、はなはだ不安定な存在ではあるが、今後の歴史解明の糸口となる可能性を示したつもりである。

本書の執筆にあたっては、光文社新書編集部の小松現氏のお手を煩わせた。最後になったが、一言謝辞を申し上げたい。

二〇〇六年春分

宮元健次

宮元健次（みやもとけんじ）
1962年生まれ。作家・建築家。'87年東京芸術大学大学院美術研究科修了。龍谷大学助教授、大同工業大学教授を歴任。主な著書に、『月と日本建築—桂離宮から月を観る』『京都名庭を歩く』『京都 格別な寺』『仏像は語る—何のために作られたのか』『名城の由来 そこで何が起きたのか』（以上、光文社新書）、『〈図説〉日本庭園のみかた』『〈図説〉日本建築のみかた』『龍安寺石庭を推理する』『修学院離宮物語』『桂離宮—ブルーノ・タウトは証言する』などがある。2017年逝去。

神社《じんじゃ》の系譜《けいふ》 なぜそこにあるのか

2006年4月20日初版1刷発行
2019年4月25日　10刷発行

著　者——宮元健次
発行者——田邉浩司
装　幀——アラン・チャン
印刷所——堀内印刷
製本所——ナショナル製本
発行所——株式会社光文社
東京都文京区音羽1-16-6（〒112-8011）
https://www.kobunsha.com/
電　話——編集部03(5395)8289　書籍販売部03(5395)8116
業務部03(5395)8125
メール——sinsyo@kobunsha.com

232 食い道楽ひとり旅　柏井壽

アレが食べたいと思ったら、いても立ってもいられない！食べることに異様な執念を燃やす著者が、今日は長崎でトルコライス、明日は金沢で鮨と、ひとり日本全国を食べ尽くす。

233 不勉強が身にしみる 学力・思考力・社会力とは何か　長山靖生

学力低下が叫ばれる中、今本当に勉強が必要なのは、大人の方なのではないか——国語・倫理・歴史・自然科学など広い分野にわたって、「そもそもなぜ勉強するのか」を考え直す。

234 20世紀絵画 モダニズム美術史を問い直す　宮下誠

20世紀に描かれた絵画は、それ以前の絵画が思いもしなかった無数の認識をその背景に持っている。「具象／抽象」「わかる／わからない」の二元論に別れを告げる新しい美術史。

235 駅伝がマラソンをダメにした　生島淳

本邦初、観戦者のための駅伝、マラソン批評。空前の人気を誇る駅伝、マラソンだが、その内実は一般ファンには意外なほど知られていない。決して報道されない「感動物語」の舞台裏は？

236 古典落語　これが名演だ！　京須偕充

「CDで落語の名演を聴く」がコンセプトのシリーズ第2弾。名作70話について、志ん生、文楽、圓生、小さん、志ん朝などの名人の名演を、前作以上の〝厳選〟の姿勢で紹介する。

237 「ニート」って言うな！　本田由紀　内藤朝雄　後藤和智

その急増が国を揺るがす大問題のように報じられる「ニート」。日本でのニート問題の論じられ方に疑問を持つ三人が、各々の立場からニート論が覆い隠す真の問題点を明らかにする。

238 日中一〇〇年史 二つの近代を問い直す　丸川哲史

日本と中国、この隣り合う国の複雑な関係について、毛沢東、北一輝、魯迅、竹内好など、両国の知識人たちは真剣に悩み、考え抜いてきた。両国の近代史を、彼らの思想でたどる。

239
「学び」で組織は成長する
吉田新一郎

役に立たない研修ばかりやっている組織のために、「こうすれば効率的に学べる」方法を紹介する。企業、NPO、学校、行政などで使える学び方・22例を具体的に解説。

240
踊るマハーバーラタ
愚かで愛しい物語
山際素男

恋あり愛あり性あり欲あり善あり悪あり涙あり笑いあり——。〝ここにあるもの総ては何処にもあり、ここに無いものは何処にもない〟。『世界最大の叙事詩』エッセンス八話を収録。

241
99・9%は仮説
思いこみで判断しないための考え方
竹内薫

飛行機はなぜ飛ぶのか？ 科学では説明できない——科学的に一〇〇%解明されていると思われていることも、実はぜんぶ仮説にすぎなかった！ 世界の見え方が変わる科学入門。

242
漢文の素養
誰が日本文化をつくったのか？
加藤徹

かつて漢文は政治・外交にも利用された日本人の教養の大動脈だった。古代からの日本をその「漢文」からひもとき、この国のかたちがどのように築かれてきたのかを明らかにする。

243
「あたりまえ」を疑う社会学
質的調査のセンス
好井裕明

社会学における質的調査、特に質的なフィールドワークに不可欠なセンスについて、著者自らの体験や、優れた作品を参照しつつ解説。数字では語れない現実を読み解く方法とは？

244
チョムスキー入門
生成文法の謎を解く
町田健

近年、アメリカ批判など政治的発言で知られるチョムスキーのもう一つの顔、それは言語学に革命をもたらした生成文法の提唱者としての顔である。彼の難解な理論を明快に解説。

245
指導力
清宮克幸・春口廣 対論
松瀬学

大学ラグビー界の名将二人が、自身の経験とノウハウをもとに、「指導力」の肝について語り合う。ラグビーファンだけでなく、すべての指導者、部下を持つビジネスマン必読！